Les crues du Fleuve Rouge et les inondations du Delta en 1915

Graphique des crues supérieures à (7,00) à Hanoi

Les bandes représentant les crues supérieures à (7,00) sont figurées au jour du maximum à Hanoi 1 m/m d'épaisseur des bandes équivaut à 8 jours de durée de la crue

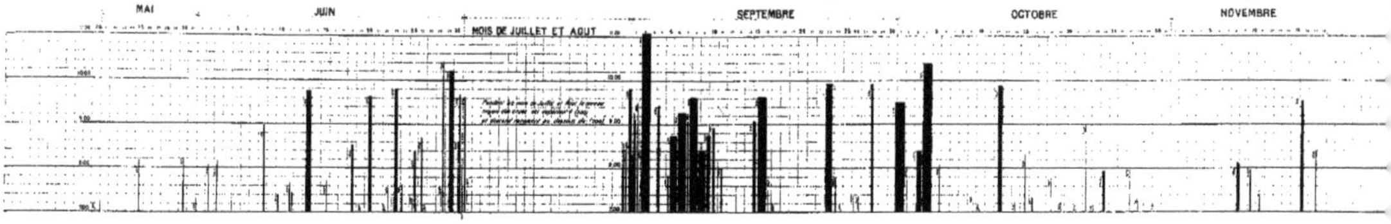

MAI JUIN MOIS DE JUILLET ET AOUT SEPTEMBRE OCTOBRE NOVEMBRE

PROFIL POUR L'ÉTUDE DE L'AMÉNAGEMENT DÉFINITIF DU FLEUVE ROUGE

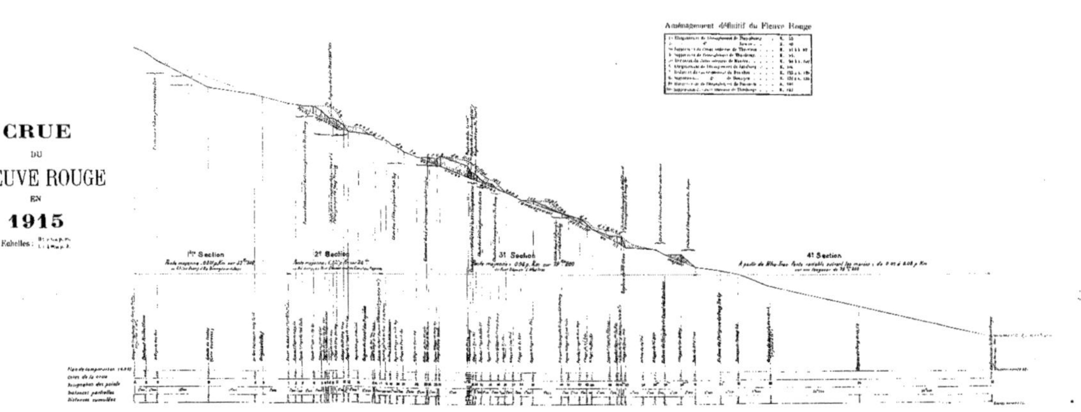

NOTICE HISTORIQUE

SUR

SAINT-MICHEL

DE LAVAL,

DEPUIS SA FONDATION JUSQU'A NOS JOURS.

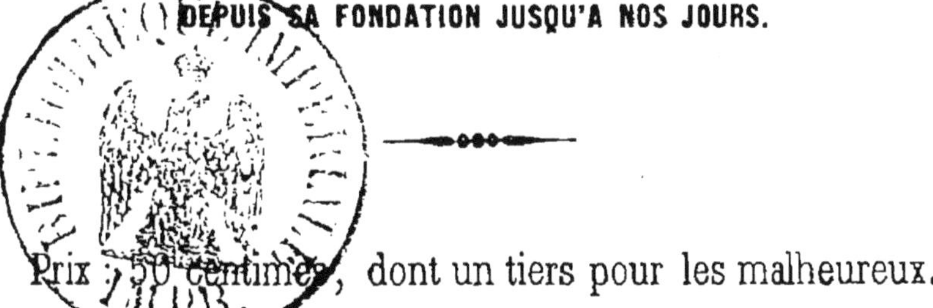

Prix : 50 centimes, dont un tiers pour les malheureux.

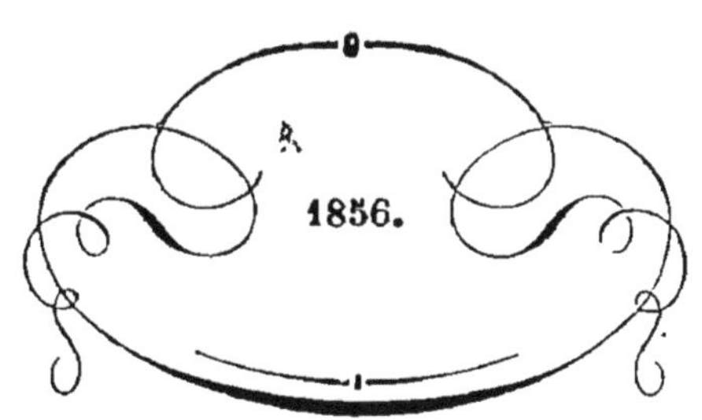

LAVAL,

Imprimerie de J. Feillé-Grandpré, rue Renaise, 44.

NOTICE HISTORIQUE

SUR

SAINT-MICHEL DE LAVAL.

PREMIÈRE PARTIE.

Le Chapitre de l'Église collégiale de Saint-Michel.

L'origine de l'église de Saint-Michel de Laval remonte à la fin du XIIe ou au commencement du XIIIe siècle, époque où le Maine était désolé par tous les maux qu'entraînèrent après elles les guerres de Richard, roi d'Angleterre, de Jean-sans-terre, son frère, et d'Arthur duc de Bretagne.

En ce temps-là, les habitants du Pont de Mayenne n'avaient pour église paroissiale que celle du prieuré-cure de Saint-Melaine. Pour y arriver, il fallait traverser la *Chesnaie* (ou bois) de la Coconnière, passage fort dangereux et le long duquel les femmes, les enfants, les vieillards, étaient exposés aux attaques et aux violences d'une soldatesque ennemie, sans discipline et avide de rapine et de meurtres.

Cet état de choses, déplorable pour un grand nombre de familles, porta un seigneur de Poligny (Jehan Ouvroin), propriétaire de la terre du *Manoir*, dont la maison, démolie en 1820, touchait le Puits-Rocher et la porte de la rue de Hameau, à faire bâtir, pour la commodité des paroissiens de Saint-Melaine, sur le terrain donné par lui à l'*Hôtel-Dieu Saint-Julien pour la sépulture des pauvres*, une chapelle domestique qui fut placée sous l'invocation de saint Michel. De là le nom de *Saint-Michel du Cimetière-Dieu*.

On s'est demandé pourquoi le fondateur avait choisi ce patronage plutôt qu'un autre. Pour résoudre cette question, il faudrait sans doute que le fondateur, secouant la poudre de son vieux tombeau, vînt lui-même nous en donner l'explication ; mais, comme le ciel ne fera point ce prodige en vue de satisfaire une aussi inutile curiosité, nous nous permettrons d'en chercher la raison dans les deux suppositions suivantes.

1° C'est que, en ce temps-là, les merveilles qui se rattachaient à l'histoire du Mont Saint-Michel en Normandie fixaient l'attention de tous les peuples en excitant vivement leur confiance ; (1)

(1) S'il faut en croire quelques personnes, qui se disent bien informées, le Mont Saint-Michel s'est, depuis ce temps, enfoncé verticalement dans la mer de près de trois mètres sans que les bâtiments qui y sont construits aient rien perdu de leur aplomb.

2° C'est que, dans ces années pleines de souvenirs sanglants, il était bien naturel de placer un édifice religieux sous le patronage de l'archange Saint-Michel, l'ange de la victoire.

Du reste, que ce soit pour un motif ou pour un autre, toujours est-il que la chapelle, qui a été bâtie à la porte de la cité des Guy, dans le *Cimetière-Dieu* de Laval, a été placée sous le vocable de l'archange saint Michel.

Son fondateur, Jehan Ouvroin, n'y attacha d'abord de revenu que pour la subsistance d'un chapelain. Mais son fils, Guillaume Ouvroin, évêque de Rennes, y fonda, par son testament du 27 mai 1347, quatre chapellenies, et son petit-fils, Pierre Ouvroin, évêque de Léon, deux autres chapellenies, dont il paya, en 1366, au roi Charles V, l'indemnité due pour le fonds du *premier* et des *deux derniers* de ces bénéfices.

Jehan Ouvroin, frère aîné et *exécuteur testamentaire* de l'évêque de Léon, laissa, par son testament et en exécution de celui de *Pierre*, soixante-dix livres de rente pour que les sept chapelles fussent érigées en autant de canonicats, et la chapelle elle-même en église collégiale. Le fils de ce Jehan Ouvroin, nommé en quelques titres *René*, laissa, aussi par testament, trente livres de rente ; mais ce fut JE-

HANNE OUVROIN, dame des Roches et de Poligny, sœur de *René* et épouse de OLIVIER DE FESCHAL (2) qui mit à exécution la volonté de ses aïeux en établissant, par acte du 16 novembre 1421, une huitième chapelle, et en présentant requête à Adam Châtelain, évêque du Mans, pour l'érection des huit chapelles en canonicats pour huit prêtres séculiers, dont la présentation était, par l'acte de fondation, réservée au seigneur et propriétaire du fief et manoir de Poligny, et le droit de collation au seigneur évêque du Mans.

Mgr Châtelain, après les informations prises sur les lieux par Jacques Devernay, licencié ès lois, qu'il qualifie de son fidèle conseiller, approuva cette fon-

(1) C'est sans doute devant cet Olivier de Feschal, gouverneur de Laval, qu'eut lieu un duel au milieu de notre ville entre Finot, seigneur de Bretignolles, et Arthus de Cliffeton, chevalier anglais, qui tomba vaincu sur la place (1444).

La chose est présumable, car Olivier de Feschal était au service des sires de Laval, et, d'après son testament de l'an 1422, époque où les Lavallois combattaient avec tant d'intrépidité contre les Anglais, Jehanne Ouvroin semble ne pas savoir si son mari est mort ou vivant, et c'est pour cela qu'elle nomme pour ses exécutrices testamentaires « *ses très-honorées dames Mesdames de Laval, l'aînée et la jeune, s'il leur plaît de leur faire tant d'honneur et de grâce.* »

Les deux dames, dont il est ici question, étaient Jehanne de Laval, veuve en premières noces du connétable Duguesclin, et en deuxièmes noces de Guy XII, et Annne de Laval, veuve de Guy XIII et mère de Guy, premier comte de Laval, et de André de Lohéac, amiral, puis ensuite maréchal de France, lesquels furent de la première promotion des chevaliers de l'ordre de Saint-Michel.

dation aux termes de la requête de ladite dame et la confirma par un décret du 26 novembre 1421.

Les biens affectés à la fondation de ces huit prébendes sacerdotales étaient à charge de l'office divin et consistaient en :

1° Les métairies de la Saulaie en Montflours ; les Onglées, la Chopinière et la Jambelière en Bonchamp ; la Corpochère en Sacé ; la Mautruère et la Noëguin en Louverné ; la Rouabière en la Bazouge-de-Chemeré ; la Réauté et la Chaloperie en Saint-Ceneré ; la Gandonnière en Montigné ; la Brezate en Courbeveille ; le Bas-Besnard en Astillé, le Grand-Etricher en Bazougers ; la Rommeraye en Arquenay ; la Chabossière et Chevaigné ou Grand-Juigné en Changé ; le Pinçon et la Haye en Ahuillé ; la Cressonnière en Saint-Jean-sur-Mayenne ; Saint-Melaine en Laval, et la Tisonnière en Avesnières.

2° Les closeries de la Fuye en Laval ; la Grange en Bazougers ; la Gaulerie en Cossé ; la Bizardière en Bonchamp ; la Trigonnerie en Saint-Germain-le-Fouilloux ; Fresneau en Saint-Germain-de-l'Hommel ; le champ de la Croix-Couverte, les bois et pré du Laurier et le pré de la Blanchardière en Laval.

3° En 33 septiers de seigle (le septier faisait 8 boisseaux) sur les villages des Graveux en Bonchamp, de la Moutonnière, la Carrée et la Fauconnière en

Grenoux ; sur le lieu et le village de la Valette en Argentré, le lieu et le moulin du Raffray, et la métairie de la Sellerie en Montigné.

4° Et en 14 boisseaux de froment sur la closerie de la Maison-Neuve en Saint-Berthevin.

Le boisseau valait alors 2 sols.

Les indemnités dues pour tous ces biens furent payées aux particuliers et au roi Louis XI, qui autorisa cette érection par lettres patentes données à Orléans le 4 octobre 1466.

Le pape Nicolas V, qui avait une grande dévotion à Saint-Michel, avait, en 1452, approuvé et reconnu pour collégiale l'église du Cimetière-Dieu de Laval, et accordé des indulgences à perpétuité à ceux qui la visiteraient à certains jours de fête et contribueraient de leurs aumônes à sa décoration et à son entretien.

Martin Berruyer, évêque du Mans, vint, à la prière des chanoines, faire la dédicace de cette église le 28 mai 1458.

Suivant un registre de comptes des recettes et dépenses, à partir du jeudi absolu (Jeudi Saint) 1477 au jeudi absolu de 1478, les chanoines de Saint-Michel tenaient en ce temps à ferme, de *Jehanne Auvre veuve Olivier de Feschal*, les terres et seigneuries de la Coconnière, Lavaïère, Autherive,

Belotoiseau, Pontpré, la Brochardière et Havart. Cette pieuse dame s'en alla à Dieu vers cette époque ou peu d'années après ; car, en 1485, on voit René de Feschal, son fils, poser sa signature sur des actes publics avec le titre de *fondateur de Saint-Michel.*

Le corps de Jehanne Ouvroin fut, on peut le croire, déposé avec un religieux respect dans l'église de Saint-Michel, non loin de celui de Guillaume Ouvroin, évêque de Rennes, dont le tombeau, aujourd'hui transféré dans la cathédrale de Laval, se compose d'une statue en marbre blanc, représentant un évêque couché sur un socle. Ce tombeau n'avait point encore été déplacé en 1804 et se trouvait, depuis que l'église avait été agrandie, presque au milieu de la nef, en face de la chaire actuelle, mais plus rapproché de ce côté.

René de Feschal, en digne héritier de deux nobles familles, confirma les précédentes donations et fonda lui-même, par acte du 13 avril 1512, *le pain* du chapitre, mais à la charge de l'office divin, au moyen des rentes suivantes :

1° De 34 charges de froment (la charge était de 12 boisseaux) dont 7 sur le fief de la Coconnière et le reste sur 27 métairies.

2° De 30 charges de seigle, dont 3 sur le fief de la Coconnière et les autres sur 27 métairies.

Ces charges se composaient suivant la mesure adoptée pour le boisseau dans telles ou telles paroisses, c'est-à-dire du poids de 32, 56, 64 livres, etc.

Le boisseau valait alors 4 sols.

3° Et de 59 rentes en argent, la plupart sur des maisons de Laval, parmi lesquelles figurait l'auberge de Sainte-Barbe, rue Saint-Michel, pour une rente de 10 sols et qui s'élevaient en totalité à la somme de 261 l. 15 s. 7 d.

Il dépendait en outre du chapitre de Saint-Michel 8 maisons prébendales, à la charge de l'office divin, dont six, avec le cimetière et la cour communale, relevaient censivement du fief de Poligny, *sous le devoir d'un denier chaque déclaration*.

D'après ce qui précède, la collégiale de Saint-Michel était bien dotée ; aussi avait-on coutume de dire à Laval que le *son* était pour Messieurs de Saint-Tugal et la *farine* pour Messieurs de Saint-Michel.

Mais, si cette dernière collégiale était bien dotée, les obligations à sa charge, il faut en convenir, ne lui manquaient pas non plus.

Sans parler des services et messes hautes qu'ils devaient célébrer, les chanoines de Saint-Michel étaient contraints de chanter, tous les jours, la messe et les vêpres, et aussi 13 *obits* exigés par l'acte de fondation de René de Feschal. Ces obligations furent, par une ordonnance de Mgr de Grimaldi, du 30 octobre 1771, commuées en les Petites Heures, ainsi qu'il suit: ***Primes***, ***Laudes*** avec lecture du Martyrologe, ***Tierce*** avant la messe du chœur, ***Sexte*** et ***Nones***.

Chaque jour auss était célébrée la messe dite ***du Pain***, suivie du ***De Profundis*** avec les versets et les oraisons ***Inclina***, ***Deus veniat***, ***Fidelium***, pour le fondateur.

En outre, le dernier jeudi de chaque mois, le chapitre célébrait une messe dite du *Saint-Sacrement*, avec procession et *Subvenite*, fondée par Mathurin Huchedé, chanoine (3 octobre 1614), et une messe dite *de la Croix*, fondation de Jean de Chantepie (9 janvier 1526), le premier vendredi de chaque mois.

On solennisait ensuite, par acte de fondation, en date du 10 août 1565, de Robert de Dureuil, de l'ordre de Saint-Augustin, prieur de Saint-Melaine sous le nom de Pierre Bloin, les fêtes de *saint Robert*, *sainte Barbe* et *sainte Geneviève;* celle de *sainte Anne*, fondation de Jacques Ravault, chanoine, du 27 novembre 1623; de *saint Guillaume*, fondation de Guillaume Le Breton, chanoine, du 5 février 1604; comme aussi deux messes hautes du *saint nom de Jésus*, fondation de René Garnier, chanoine, du 13 mai 1568, étaient chantées le 14 janvier et le 10 novembre de chaque année.

Les honoraires d'une messe chantée à cette époque s'élevaient à 2 et 3 sols.

Nous ne saurions entrer dans de plus amples détails à l'égard des charges et des obligations imposées à la collégiale de Saint-Michel. Mais nous ne devons pas oublier que, le 28 mai tous les ans, les chanoines solennisaient, avec une grande pompe, la dédicace de leur église, et qu'ils conservèrent cet usage jusqu'en 1763, époque où un mandement de Mgr de Froulay, évêque du Mans, transféra la célébration de certaines fêtes au dimanche le plus rapproché du jour où elles devaient avoir lieu ; et, comme pendant le mois de mai il se trouve plusieurs dimanches privilégiés, la *fête de la dédicace de saint Michel fut fixée au dimanche dans l'octave de l'Ascension.*

Une autre belle cérémonie avait lieu en cette église le 8 mai de chaque année, jour fixé, en faveur de cette collégiale, pour la célébration de la fête de l'*apparition de saint Michel*, du rit solennel mineur, sans octave, par Mgr de Grimaldi, de la famille des princes de Monaco, évêque du Mans, suivant une lettre de M. l'abbé de Glandèves, vicaire général, en date du 28 avril 1772.

Cependant la collégiale de Saint-Michel, jusqu'alors favorisée par la Providence, vit un jour son beau ciel s'assombrir : ses patrons, les seigneurs de Poligny, avaient embrassé le protestantisme !

Les chanoines n'en furent point émus et suivirent constamment la barque de Pierre. D'un autre côté, le Parlement de Paris, par deux arrêtés des 24 avril et 17 juin 1660, ordonna « d'ôter et reblanchir les litres et ceintures funèbres que le seigneur de Poligny, faisant profession de la religion prétendue réformée, avait fait apposer en l'église du *Cimetière-Dieu de Laval*, avec défenses d'en plus mettre, tant qu'il serait de la R. P. R. »

Les litres et les ceintures reparurent ; Poligny possédait des seigneurs fidèles à la religion qui a donné à la France Charlemagne et saint Louis, saint Bernard et Bossuet, Jeanne d'Arc et la fille de Louis XVI !

Quelques années plus tard, en 1676, d'après une bulle du Souverain-Pontife et l'autorisation de Mgr l'évêque du Mans, le service des *Quarante heures*, pendant les jours du Carnaval, s'établit en les églises de Saint-Michel et de Saint-Vénérand. Le résultat en fut heureux, et, pour en conserver la mémoire et perpétuer en même temps les bons effets produits par la sanctification de ces jours de trouble et de désordre, les chanoines de Saint-Michel et le clergé de Saint-Vénérand passèrent, le 22 février 1677, devant Me

Pottier, notaire et tabellion royal à Laval, un compromis par lequel ils s'engageaient réciproquement, les chanoines à venir processionnellement chanter une grand'messe à Saint-Vénérand le lundi de Carnaval, et le clergé de cette paroisse à faire aussi processionnellement une station à Saint-Michel et à y chanter une grand'messe le 16 octobre de chaque année, jour d'une fête de saint Michel.

Mais déjà le règne de Louis XV avait traversé la moitié du XVIIIe siècle. L'église de Saint-Michel était dans toute sa beauté, ayant chœur avec autel à la romaine, entouré de stalles et séparé de la nef par de superbes balustrades, orgue au bas de l'église. Il manquait toutefois à cet édifice religieux des chapelles latérales. L'année 1763 les vit commencer et terminer. C'est le 1er mars que la première pierre des deux chapelles consacrées aujourd'hui, l'une au Sacré-Cœur de Jésus, l'autre à la mère du Sauveur des hommes, furent posées par haut et puissant seigneur messire Jean-Baptiste-Joachim Colbert, marquis de Croissy, Sablé, Bois-Dauphin, comte de la Barre, baron de Princé, seigneur châtelain de Torcé, Précigné, de la Géraudière, Poligné, Marboué et autres lieux, lieutenant-général des armées du Roi, capitaine des gardes de la porte de Sa Malesté, gouverneur de Crécy en Brie, et par haute et puissante dame Henriette-Bibienne de Franquetot, son épouse, représentés par Me Joseph-Martin de la Blanchardière, conseiller du Roi, lieutenant au siège de l'élection de Laval, sénéchal des fief et seigneurie de Poligné, et dame Thérèse Leclerc, son épouse.

Ces deux chapelles furent bénies le 28 septembre 1763 par M. Étienne Couanier, curé de la Sainte-Trinité et doyen rural de Laval, qui avait été chargé par l'évêque de présider en son lieu et place à cette cérémonie.

Cependant le grand désordre moral qui régnait dans toutes les classes de la société et qui devait, avant la fin du siècle, enfanter la plus affreuse anarchie, commençait à se manifester par des actes privés et significatifs.

En novembre 1763, le cimetière de Saint-Michel portait des traces d'une indigne profanation. Les barrières, placées l'une devant la rue de Bàclerie, l'autre au bas du cimetière, avaient été enlevées. Les chanoines, après en avoir donné avis au juge de police, remplacèrent les barrières par un mur, et firent placarder à la porte de l'église un avis salutaire de leur part et une ordonnance de M. le juge de police.

Peu de temps après, en janvier 1764, une brèche considérable était pratiquée dans le mur, l'avis et l'ordonnance biffés et déchirés, et de nouvelles profanations commises.

Dans le but de découvrir les coupables, le chapitre réuni conclut à ce que la procédure, dont l'un des chanoines était chargé, fût faite par voie de *monitoire*. Cette décision n'eut pas d'autre suite, et les coupables restèrent inconnus.

Comme on l'a dit précédemment, le droit de présentation aux prébendes vacantes du chapitre de Saint-Michel avait été réservé, par Jeanne Ouvroin, au seigneur et propriétaire du fief et manoir de Poligny, en sa qualité de seigneur de Poligny et de *patron* fondateur et dotateur dudit chapitre de Saint-Michel de Laval. Le présentateur, en 1777, était messire Jean-Baptiste Joachim DE COLBERT, qui mourut, en son hôtel, à Paris, le 26 août de cette même année, et qui, veuf de dame Henriette-Bibienne de Franquetot de Croissy, décédée à Paris le 11 février 1772, ne laissait aucun héritier de son nom, éteint par la mort de messire André-Thérèse de Colbert, son fils, comte de Pressigny, colonel honoraire, sous-lieutenant de gendarmerie, décédé à Paris en janvier 1770, dans la 28e année de son âge.

A l'occasion de la mort de ces personnages haut placés dans le monde et surtout à cause de leurs titres de seigneurs de Poligny, patrons du chapitre de l'église collégiale de Saint-Michel, les chanoines leur firent de pompeux services. Mais en 1772, *vu la misère extrême qui se faisait sentir de toutes parts*, ils convertirent en aumônes, pour le bureau de charité de Saint-Vénérand, les sommes destinées au catafalque de Mme la marquise de Colbert de Croissy. Quant au service funèbre célébré pour le repos de l'âme du seigneur de Poligny, il fut des plus imposants. Les cloches du chapitre sonnèrent, le 17 septembre 1777, depuis cinq heures et demie jusqu'à sept heures; et le lendemain 18, toute la population de la ville, les officiers du siège de Poligny en robes, une députation du chapitre de l'église collégiale de Saint-Tugal, du chapitre des chanoines réguliers de Sainte-Catherine, du clergé des *deux* paroisses de la ville, des communautés des Dominicains, Cordeliers et Capucins, etc., assistèrent à ce service, rangés autour d'un catafalque orné d'un grand nombre de cierges et décoré d'armoiries. La nef était tendue de noir et le pourtour de l'église ceint à l'extérieur d'une bande blanche (dont on aperçoit encore l'empreinte aujourd'hui) portant les armes du défunt. La messe fut chantée à quatre chapes, deux diacres et deux sous-diacres. Avant la Préface, Me Henri Hanuche, docteur en théologie et chanoine de Saint-Michel, prononça en chaire une oraison funèbre, dont le texte était ***Reddite quæ sunt Cæsaris Cæsari***, et ***quæ sunt Dei Deo.***

Le défunt avait servi le Roi avec le zèle et l'attachement d'un bon français, et s'était soumis aux préceptes évangéliques avec la foi, l'exactitude et la piété d'un fervent chrétien. Sa conduite comme courtisan était sans reproche aux yeux du monde, et ses mœurs, aux yeux de la religion, véritablement dignes d'être louées. Ainsi, en craignant Dieu, en honorant le Roi, il satisfaisait non-seulement aux devoirs que lui imposait l'élévation de son rang, mais encore aux obligations prescrites à tous les chrétiens.

Trois années auparavant, un autre service funèbre avait été également l'objet d'une délibération capitulaire de la part des chanoines de Saint-Michel. Nous croyons devoir donner ici un extrait de cette délibération digne de l'attention de ceux qui aiment à étudier les hommes et les choses, et profiter des enseignements de l'histoire. La délibération dont nous parlons est ainsi conçue :

« Le mardi 10 mai 1774, sur les trois heures de l'après-midi, mourut à Versailles Louis XV, dit le Bien-Aimé, Roi de France et de Navarre, âgé de 64 ans 3 mois moins 5 jours, après un règne de 59 ans. Ce Prince, que la petite vérole a enlevé le onzième jour de sa maladie, a conservé sa connaissance jusqu'au dernier moment, et s'en est servi pour donner à toute la cour les témoignages les plus frappants de sa componction et du désir qu'il avait de consacrer ses jours à la gloire de la religion et au bonheur de son peuple.....

« MM. les officiers de la ville avaient envoyé des billets pour que, le 13, on sonnât les cloches de toutes les églises de la ville, depuis six heures jusqu'à sept. Le lendemain, MM. de Saint-Tugal ont fait leur service où lesdits officiers ont assisté. Comme il paraissait y avoir de l'affectation à faire sonner toutes les cloches la veille d'un service fait dans un chapitre dont le nôtre est absolument indépendant, nous avons cru devoir célébrer notre service le même jour et à la même heure, afin que le son de la veille fût également pour annoncer la cérémonie qui se devait faire en notre église, de manière que, par ce moyen, nous soyons censés n'avoir fait sonner que pour nous-mêmes, sans reconnaître aucune supériorité à MM. de Saint-Tugal....

« Ainsi qu'à la cathédrale et dans toutes les autres églises du diocèse, il n'a pas été prononcé d'oraison funèbre en notre église collégiale. »

Les chanoines de Saint-Michel rendaient aussi parfois les honneurs de la sépulture aux défunts qui avoisinaient leur chapitre et décédaient dans une de leurs maisons. Le prix de ces sépultures étaient, la 1re classe de 60 livres, la 2e de 33, et la 3e de 16 livres.

Un jour, une demoiselle, du nom de Catherine Beaumesnil, vint à décéder dans une maison de la rue Saint-Michel. Les cloches de Saint-Vénérand et du chapitre sonnèrent pour la défunte. Puis, le lendemain, le clergé de Saint-Vénérand se rendit à sa demeure pour faire la levée du corps. La porte de la maison était fermée, et le cercueil de Mlle Beaumesnil au milieu da la nef de Saint-Michel.

Le clergé de Saint-Vénérand, fort mécontent, s'en revient à son église, et célèbre quand même un service pour Mlle Catherine Beaumesnil. Pendant ce temps, les chanoines de Saint-Michel transportent le corps de la défunte sur le vieux pont, et là le remettent entre les mains du clergé de la Sainte-Trinité qui achève la sépulture dans le cimetière de cette paroisse, suivant les intentions exprimées par ladite demoiselle dans son testament.

C'en était trop : MM. de Saint-Vénérand s'empressent aussitôt de recourir au ministère d'un officier public, et font dresser, le jour même, 28 décembre 1744, en leur nom, sur la tombe du cimetière de Saint-Michel, par Me Jean Sédillier, notaire au comté-pairie de Laval, une protestation de leur part contre le chapitre de Saint-Michel, *attendu que les sieurs chanoines n'ont aucun droit de paroisse et ne sont au cimetière de Saint-Michel que par emprunt de territoire, par tolérance, en attendant que le seigneur de Poligny eût un autre lieu pour les placer....*

Cependant le décès du dernier seigneur de Poligny, en 1777, laissait sans patron-présentateur le chapitre de l'église collégiale de Saint-Michel. Les chanoines alors, le 3 novembre 1778, présentèrent eux-mêmes à Louis XVI une requête à l'effet d'obtenir l'acquiescement du Roi de France à la nomination d'un chanoine pour desservir une semi-prébende vacante en régale.

Louis XVI, agréant leur demande, confirma, par un acte royal donné à Versailles le 17e jour de janvier, l'an de grâce 1779 et de son règne le 5e, la nomination du pieux ecclésiastique M. l'abbé Duchesne, qui devait un jour faire resplendir l'église de Saint-Michel de tout l'éclat de la gloire d'un martyr.

Mais ne devançons pas les évènements.

Nous sommes en 1781. Un riche propriétaire de Laval est devenu seigneur de Poligny ; à lui appartient désormais la présentation à l'évêque des chanoines nommés aux prébendes vacantes de Saint-Michel. Il se met en devoir de remplir cette obligation, et c'est par un acte public qu'il s'en acquitte, suivant la minute d'un procès-verbal dressé par un notaire de Laval.

« Par-devant nous Jean-Baptiste-Charles Josset, notaire royal apostolique du diocèse du Mans, reçu ès siège présidial et sénéchaussée du Mans, etc., au siège royal de Laval, y demeurant paroisse Saint-Vénérand, soussigné, fut présent messire Jean-Baptiste Duchemin de Mottejean, écuyer, seigneur de la terre, fief et seigneurie de Poligny, demeurant à sa maison de l'Epine, paroisse d'Avesnières, etc. »

..... Cependant une grande œuvre de *régénération* ou de perturbation sociale allait s'accomplir. Le chapitre de l'église collégiale de Saint-Michel, signifié par assignation de Hureau, huissier, « à la requête de M. le procureur du Roi au baillage royal de Laval, en vertu des lettres du Roi données à Versailles le 24 janvier 1789, pour la convocation et assemblée des Etats généraux du royaume, y joints, et de l'ordonnance de M. le sénéchal du Maine, rendue en conséquence le 1er février 1789, à l'effet de comparoir devant lui pour assister à l'assemblée des Trois-Etats qui sera tenue dans la ville du Mans le 16 mars 1789, de concourir, avec les autres Députés du même ordre, à la rédaction des *cahiers de doléances, plaintes et remontrances*, et autres objets exprimés en ladite ordonnance, et de procéder à la nomination des Députés qui seront envoyés aux Etats généraux. » Le chapitre de Saint-Michel, disons-nous , députa , à cet effet , M. Mathurin Gaultier de Mérolles , l'un des chanoines, à l'assemblée du Mans.

On sait ce que les Etats généraux apportèrent de soins et surtout de dévouement au bien public et à la prospérité de la monarchie. Aussi , en conséquence des lettres-patentes du Roi , des 9 octobre et 18 décembre 1789, ordonnant une contribution extraordinaire et patriotique du quart des revenus au-dessus de 400 livres, les chanoines de Saint-Michel se hâtèrent-ils de déclarer que :

1° Le revenu total de leurs biens s'élevait à............	19,723 l.	19 s.	1 d.
2° La totalité de leurs charges à....................	8,758	9	«
D'où un bénéfice de........	10,973	10	1
Dont le quart était de......	2,800	«	«

Cette contribution patriotique , répétée dans toute la France, produisit des sommes énormes. Ces ressources pour l'Etat, au lieu d'arrêter l'élan des ennemis de l'ordre social , ne fit qu'accroître la rage de leurs passions. Ils précipitèrent plus hâtivement le char de l'Etat vers l'abîme des révolutions; et, tandis que la foudre s'apprêtait à éclater sur toutes les têtes, les chanoines de Saint-Michel , fidèles et paisibles observateurs de leurs devoirs, consignaient sur le registre habituel de leurs délibérations capitulaires , les décisions suivantes , les dernières de toutes , ce dont ils ne se doutaient pas.

« Le mardi 21 et le mercredi 22 septembre 1789, le chapitre de l'église collégiale de Saint-Michel de Laval , ordinairement assemblé après la grand'messe, au son de la cloche, au lieu et à la manière accoutumée , ès personnes , etc.

« Le premier jour on s'est occupé du spirituel , et on s'est mutuellement exhorté à l'union et à la charité fraternelle , à l'exactitude à assister à l'office et à la fidèle observation des lois de l'église dans la célébration de l'office divin , et on a ensuite fait la lecture des statuts.

« Le second jour , après la lecture des statuts , on s'est occupé du temporel ; on a procédé à la distribution des charges (secrétaire , pointeur et tabulaire , procureur de la fabrice, procureur de ville et de campagne, trésoriers). »

Ce fut à la suite de la dernière signature que la Révolution mit son scel. La fin de la page est restée en blanc , suivie de toutes les autres pages également blanches.

Quelques mois plus tard , le chapitre était aboli ,

et, le 19 août 1791, l'église fermée.... Un peu plus tard encore, et les biens du chapitre, et les ornements et les vases sacrés, et l'église, tout était vendu. Il ne restait plus de la gloire du chapitre de l'église collégiale de Saint-Michel du Cimetière-Dieu de Laval, que la vertu de ses prêtres emprisonnés, proscrits ou immolés.

C'étaient MM.

1° L'abbé Jacques POISSON, du diocèse d'Angers, présenté par le marquis de Colbert le 1er juillet 1769, nommé par Louis XV à Compiègne le 30 du même mois.

2° L'abbé Mathurin-Joseph GAUTHIER DE MÉROLLES, présenté par le marquis de Colbert le 24 février 1770, nommé par Louis XV à Versailles le 4 mars suivant, proscrit le 28 août 1792, à l'âge de 49 ans.

3° L'abbé Augustin-Jean-Benoît DAVRILLÉ DES ESSARTS, successeur de *Jacques Laffitte* de Paris, présenté par le marquis de Colbert le 2 juillet 1776, nommé par Mgr de Grimaldi, évêque du Mans, le 10 du même mois, parti sans passeport pour Paris en 1792, âgé de 48 ans.

4° L'abbé Jean-Thérèse-Marie-Joseph FRIN DE SAINT-GERMAIN, nommé par Mgr Jouffroy de Gonsans, évêque du Mans, le 5 avril 1783, proscrit le 2 octobre 1792, à l'âge de 44 ans.

5° L'abbé Louis FOUQUERET, né à Château-Gontier (diocèse d'Angers), nommé par Mgr de Gonsans le 16 février 1785, proscrit le 30 septembre 1792, à l'âge de 42 ans.

6° L'abbé Nicolas MATAGRIN, nommé par Mgr de Gonsans le 13 septembre 1785, proscrit le 28 août 1792, à l'âge de 38 ans.

7° L'abbé Paul LE MERCIER, né à Laval, paroisse Saint-Vénérand, le 14 septembre 1719, nommé par Mgr de Gonsans le 15 novembre 1785, entré à Patience le 14 avril 1793, traîné à Rambouillet en octobre même année, où il est mort dans les prisons de froid et de misère.

8° L'abbé Alexandre-Marie GUÉRIN DE LA ROUSSARDIÈRE, prieur de Saint-Vénérand, chanoine de droit (3) de Saint-Michel, proscrit le 5 octobre 1792, à l'âge de 55 ans.

Tous les huit chanoines prébendés, et les quatre suivants chanoines semi-prébendés ou chapelains.

1° L'abbé Jean-Noël LERAY, présenté par le marquis de Colbert le 24 septembre 1772, nommé par Louis XV à Fontainebleau le 8 novembre même

(3) Presque aussitôt que l'église du Cimetière-Dieu près Laval eût été érigé en collège de chapelle, les fondateurs, pour dédommager et indemniser les prieurs-curés de Saint-Melaine, se démirent de la présentation d'un canonicat en l'unissant à perpétuité au prieuré-cure de Saint-Melaine, de sorte que le prieuré et le canonicat ne formaient plus qu'un seul et même bénéfice.

année, proscrit le 30 septembre 1792, à l'âge de 57 ans.

2° L'abbé Michel-François RAIMBAULT, présenté par le marquis de Colbert le 8 août 1776, nommé par Mgr de Grimaldi le 16 du même mois, proscrit le 6 octobre 1792, à l'âge de 44 ans.

3° L'abbé Mathurin CHEVREUL, nommé le 2 juillet 1785 par Mgr de Gonsans, proscrit le 5 octobre 1792, à l'âge de 34 ans.

4° L'abbé François DUCHESNE, né à Laval, paroisse Saint-Vénérand, le 8 janvier 1736, présenté par les chanoines le 3 novembre 1778, nommé par Louis XVI le 17 janvier 1779, entré à Patience le 22 octobre 1793, et, couvert de plaies, brisé par les infirmités, ne pouvant marcher sans éprouver des convulsions, mis à mort avec quatorze autres prêtres le 21 janvier 1794 pour sa fidélité à la foi catholique et en commémoration de l'anniversaire de la mort de Louis XVI sur l'échafaud.

SECONDE PARTIE.

La Communauté des RR. PP. Jésuites de Saint-Michel de Laval.

Le flot, qui avait dévasté le beau pays de la Mayenne, s'était apaisé; il restait des ruines debout, et ces ruines dilatèrent encore, par leur vue, les cœurs amis de la religion de leur mère, de leurs ancêtres et du bonheur de la société française.

En décembre 1800, Mme Dolse-Garay, avec l'autorisation et sous la direction du chef de l'administration départementale de la Mayenne, loua, suivant bail attesté de Me Josset, notaire à Laval, à une société de catholiques l'ancienne église collégiale de Saint-Michel pendant le temps qu'exigeraient les réparations à faire à l'église de Saint-Vénérand.

L'église de Saint-Michel présentait alors le plus désolant aspect; elle avait servi de caserne et en même temps d'écurie à des cavaliers passant par Laval. Elle portait partout les traces de l'impiété révolutionnaire, et du passage de Titans qui auraient attaqué le ciel pour obtenir les bénéfices du néant ou même ceux de l'abîme, s'ils n'eûssent point été dépourvus de raison jusqu'à rejeter la foi en l'immortalité de leur âme.

Cette église de Saint-Michel était donc à cette époque entièrement dépouillée et dénudée. Les prêtres qui y allaient célébrer le saint sacrifice de la messe revenaient de l'exil, des prisons ou des catacombes, tous vêtus des livrées de la misère et de la souffrance. Pour eux, au moyen de quelques planches mal jointes, la chapelle actuelle de la Sainte-Vierge avait été transformée en sacristie. On les voyait sortir du milieu de ces sortes de décombres avec une chasuble polluée et se rendre à un autel empreint de la désolation et des larmes de Sion.

Une ordonnance de M. l'abbé Duperrier, du 21 décembre 1800, avait réglé l'administration spirituelle de la paroisse de Saint-Vénérand, desservie en l'église de Saint-Michel de Laval, dont le personnel se composait de M. l'abbé Grippon, vicaire de Notre-Dame de Sablé, *desservant*, remplacé plus tard par M. l'abbé Alexandre-Marie Guérin de la Roussardière, ancien curé de Saint-Vénérand et chanoine de Saint-Michel avant la révolution, de MM. les abbés Latour et Danguy, *vicaires*, et Morin, *prêtre-sacristain*, auxquels s'étaient joints plusieurs autres ecclésiastiques encore sans destination.

L'église de Saint-Vénérand, restaurée à l'intérieur et rendue aux prêtres catholiques, devint définitivement l'église de la paroisse. Celle de Saint-Michel, de nouveau abandonnée, servit, pendant les grandes guerres de l'Empire, d'asile aux prisonniers de guerre. Anglais, Prussiens, Allemands, Espagnols remplirent son enceinte. Parmi eux étaient des jeunes gens qui sortaient à peine de l'adolescence (18 et 19 ans). Dans un âge où les impressions du cœur sont si vives, les sentiments de l'âme si tendres, le souvenir du sol natal, de leurs mères, de leurs amis d'enfance les poursuivait sans cesse, leur faisant arroser de larmes bien amères cette nef doublement sanctifiée par la prière et le malheur. Grand nombre d'entre eux, succombant sous le poids du chagrin qu'on appelle le *mal du pays*, quittèrent ces lieux, non pour retourner vers leurs parents, qu'ils ne devaient plus revoir, mais pour aller dormir du sommeil de la mort dans la terre du silence et de l'oubli.

Cependant, vers le commencement de l'année 1816, on apprit à Laval que quelques prêtres étrangers faisaient, le matin avant le jour, des conférences religieuses dans l'église d'Avesnières.

Cette nouvelle fut tout d'abord assez mal accueillie, même de la part des catholiques. *Que veulent donc ces bonhommes-là*, répétait-on de maison en maison; *n'avons-nous pas nos prêtres?*

— Oui, répliquèrent des anciens, nous avons nos prêtres, et de bons prêtres. Quant à ceux que vous appelez *bonhommes*, ce sont des prêtres de la célèbre Compagnie de Jésus qui a rendu tant de services à l'église catholique et fait briller d'un immortel éclat le règne d'un des plus grands rois de la famille de saint Louis.

A l'exception de quelques vieillards, témoins de la fin du règne de Louis XV, nul, au sein des générations nées depuis 1780, nul ne savait ce que c'était qu'un prêtre de la Société de Jésus. Tant d'hommes et tant de choses avaient péri dans l'espace de vingt années, qu'il semblait à chacun, lorsqu'on remontait au-delà, voir revivre l'histoire des siècles antérieurs au déluge.

La foule ne s'empressait donc pas de suivre les conférences d'Avesnières. Nous y fûmes toutefois conduit, et, quoique fort jeune alors, nous nous rappelons qu'un prêtre, le visage sillonné d'un coup de sabre (le R. P. Chanon) *discutait* avec un autre ecclésiastique, le R. P. Chapelle, d'une taille superbe, au visage doux et angélique, et placé dans la chaire de l'église, tandis qu'une quinzaine de personnes, les unes debout, les autres disséminées dans les bancs, prêtaient une attention silencieuse à leurs conférences.

Ces conférences portèrent leurs fruits ; on accourut enfin de toutes parts aux prédications de ces prêtres étrangers. De là une Mission dans l'église de la Sainte-Trinité où, pendant près de deux mois, les *bonhommes* d'Avesnières se firent écouter par une foule immense de toutes les classes de la Société ; cette Mission eut pour résultat de prodigieuses conversions et deux magnifiques cérémonies. Le journal de Laval du temps en a conservé le souvenir dans les lignes suivantes que nous extrayons textuellement du numéro du 11 mai 1816.

.... Cette « cérémonie, destinée à célébrer la restauration des autels et le triomphe de la religion, a eu pour objet la bénédiction de la Croix de Mission, placée sur la place du Palais ; sur cette place souillée de tant de sang innocent que les révolutionnaires répandirent sur leurs odieux échafauds.

« Déjà, le 31 mars, une cérémonie expiatoire, célébrée sur cette place par les missionnaires, et à laquelle les autorités civiles et militaires, la garde nationale, la légion de la Mayenne (plus tard le 12e léger) et une foule immense avaient pris part, avait consacré le retour aux vrais principes de la morale, et réconcilié, pour ainsi dire, le peuple avec la justice.

« Le 5 mai, les missionnaires, le clergé des deux

paroisses de la ville, M. le préfet, les autorités civiles et militaires, la garde nationale et la gendarmerie, sont partis de l'église de la Sainte-Trinité ; ils se sont rendus à l'église de Saint-Vénérand, et de là sur la place du Palais.

« L'éloquent supérieur de la Mission (le R. P. Caillat), après avoir béni la Croix, a prononcé un discours analogue à la cérémonie, et qui a fait répandre bien des larmes d'attendrissement. Il l'a terminé par l'expression des vœux les plus ardents pour notre monarque. Le cri de *vive le Roi*, qu'il a proféré dans un moment d'effusion de cœur, a été le signal d'un enthousiasme difficile à dépeindre. Dix mille assistants, qui couvraient la place en agitant en l'air épées, chapeaux et mouchoirs, ont élevé au ciel ce cri d'amour qui est si profondément gravé au cœur des habitants de la ville de Laval. »

Sans doute, à la suite d'une révolution anti-religieuse en fait et en principes, les succès obtenus par les missionnaires dans le pays de Laval rappelaient les triomphes des apôtres au sein du monde payen. Ils étaient peut-être plus merveilleux encore, car les hommes qui venaient de crier *vive la Croix*, *vive le Roi*, avaient naguère, au nom de la liberté, de l'égalité et de la fraternité, rejeté les principes émanés du cœur du Christ pour donner la paix au monde et le sauver, et ensuite, toujours au nom de la liberté de l'égalité et de la fraternité, adoré la toute-puissance de la force brutale.

Ce triomphe, reconnaissons-le, était la renaissance non-seulement d'une nation en tant que nation, mais aussi de l'homme en tant qu'individu, père, époux, fils et frère, français et chrétien.

A qui Laval était-elle redevable d'un aussi grand bienfait?

A un homme sans apparence aucune, né à Sablé en 1752, vicaire à Saint-Léger avant la révolution, lequel s'était réfugié à Laval au moment de l'occupation de cette ville par les Vendéens et y était demeuré pendant les plus tristes jours de la terreur dans le but d'y exercer son ministère, en un mot à M. l'abbé René-François MORIN, ecclésiastique remarquable par la nullité apparente de sa personne et par sa lenteur extraordinaire.

On ne saurait à coup sûr se faire aujourd'hui une idée exacte de cette apparence de nullité et de cette lenteur qui étaient propres à M. l'abbé Morin. Il lui fallait en effet près de cinq quarts d'heure pour célébrer le saint sacrifice de la messe, plus d'une grande heure pour se rendre des Cordeliers à Saint-Michel. Son air sérieux et lent embarrassait souvent les personnes à l'égard desquelles il se permettait une plaisanterie. Ainsi, traversant un jour le Pont-Neuf, il fut arrêté par le commis du péage. — Que me voulez-vous? lui dit-il. — Je viens vous réclamer cinq centimes pour le droit de passage. — Je ne vous connais pas, et tout autre individu peut m'adresser la même réclame, retirez-vous. — Monsieur, vous ne passerez pas, ou je vous arrête. — Ne vous donnez pas cette peine-là, voici cinq centimes, mais vous allez me donner une quittance.

La séance dura un quart d'heure, au bout duquel M. l'abbé Morin se retirait à pas de tortue en emportant avec soin un morceau de papier constatant qu'il avait payé cinq centimes pour avoir franchi le pont dans l'espace de près de vingt-cinq minutes.

Tel était l'homme, ou plutôt le prêtre, doué aux yeux de la foule d'une bien minime capacité et qui cependant accomplissait, dans le silence et l'oubli, d'admirables choses; c'est-à dire, d'une part, l'établissement des ***Dames de l'Adoration perpétuelle*** à Haute-Follis près Laval, et, de l'autre, l'établissement des ***Pères de la Foi*** dans la maison de Saint-Michel du Cimetière-Dieu de Laval, qu'il venait d'acheter pour eux.

Les six maisons prébendales des anciens chanoines existaient encore, en un seul corps de bâtiment, dans la cour commune; mais quatre d'entre elles étaient occupées par divers locataires.

Ce fut le 6 mai 1816 que les missionnaires, au sein du plus complet dénuement, furent installés dans cette portion de bâtiment, à un étage que l'on voit encore aujourd'hui, et qui était particulièrement réservé au doyen d'âge et aux séances du chapitre.

Il ne manquait à ces pères de la Foi qu'un bâton de bois blanc à la main pour rappeler les missionnaires du Nouveau-Monde. A l'exemple des apôtres, ils possédaient jusqu'au sublime de l'abnégation personnelle le sentiment du dévouement religieux. Ils ne savaient pas, le matin, si, le soir, ils auraient la nourriture nécessaire au soutien des forces de l'humanité. Leurs vêtements étaient usés, et ils portaient des bas dont les lambeaux étaient rattachés avec des épingles.

Les noms de ces prêtres ne doivent point être mis en oubli; une place leur est acquise dans l'histoire religieuse du beau pays de la Mayenne, et c'est pourquoi nous nous empressons d'arracher au silence de la tombe ces noms véritablement bénis :

M. l'abbé Caillat ;

M. l'abbé Chanon ;

M. l'abbé Chapelle ;

M. l'abbé Ruby.

Ces prêtres, dont la Croix était l'unique force, le pronostic de tous leurs triomphes, comme elle est le gage du salut du monde, ces prêtres ne pouvaient manquer d'élever l'instrument de la rédemption des hommes à l'entrée de leur église, et ce fut Mgr d'Arbelles qui présida à cette belle cérémonie. Cette Croix était de bois ; elle vit long-temps un groupe de jeunes personnes chanter, tous les soirs, des cantiques à ses pieds ; puis elle disparut dans un déplorable moment d'aliénation de la part de ceux qui, en 1831, l'arrachèrent du sol pour aller insensément la jeter dans la rivière.

L'église de Saint-Michel, à l'époque où elle fut remise entre les mains des PP. de la Foi, avait pour toutes richesses la pauvreté et la nudité. Pendant de longs mois, les fidèles, qui assistaient aux prédications et aux saluts du dimanche des missionnaires, durent apporter avec eux les sièges qui leur étaient nécessaires ainsi qu'à leurs familles.

L'église de Saint-Michel avait été réconciliée le 7 avril 1816. Semblable au lys de la vallée, elle répandit au loin la bonne odeur de ses parfums, et, comme une vigne féconde (*sicut vitis abundans in lateribus suis*), portait déjà des fruits merveilleux et abondants.

Un des prêtres de la nouvelle maison de Saint-Michel, M. Chapelle, homme plein de goût et chanteur distingué, avait su intéresser en faveur de cette église ressuscitée une douzaine de familles qui firent la dépense nécessaire pour lui composer un chœur de leurs enfants. D'un autre côté, un certain nombre de jeunes personnes se réunirent pour chanter des cantiques. Ce chœur de chanteuses se renouvela perpétuellement jusqu'en l'année 1847, époque où le R. P. supérieur de Saint-Michel crut devoir remercier les personnes qui en faisaient partie de leur complaisance et de leur bonne volonté.

Bientôt la communauté des Pères de la Foi s'accrut de plusieurs autres membres. Leurs noms sont restés populaires dans nos contrées ; c'étaient

M. l'abbé Thomas ;

M. l'abbé Gloriot, dont le neveu, aussi de la Société de Jésus, est mort dernièrement au milieu de nos soldats en Crimée ;

M. l'abbé Barré ;

M. l'abbé Petit ;

Et le frère Broyet.

Les cérémonies qui avaient lieu dans l'église de Saint-Michel n'étaient pas, au commencement, aussi brillantes qu'aujourd'hui. Très-souvent et pendant des mois entiers, un missionnaire habitait seul la communauté. Lui seul demeurait chargé des innombrables confessions, dirigeait les congrégations, et, le dimanche soir, dans l'église, récitait le chapelet, prêchait et donnait le Salut.

La foule suivait avec ferveur ces exercices et ne demandait pas d'autres émotions. La congrégation des hommes, passablement nombreuse, tenait ses réunions dans l'ancienne salle consacrée aux délibérations capitulaires des chanoines de Saint-Michel. M. de Hercé, maire de Laval, et décédé évêque de Nantes, en était le *préfet.*

La vie exemplaire des missionnaires, leurs belles et saintes prédications avaient touché le cœur de plusieurs jeunes gens distingués dans le monde par leur éducation et leur position de fortune. Le respect humain les retenait encore ; ils allaient le soir prendre conseil et s'agenouiller aux pieds de ces prêtres si pieux et si dévoués ; ils se retiraient pleins de force et pleins de foi. Peu après, quelques-uns d'entre eux quittèrent, les uns la toge du juge, les autres l'épée du guerrier, et se vouèrent au service des saints autels.

Jusqu'en 1830, la maison ne Saint-Michel ne prit pas un grand développement. A part l'acquisition faite des quatre maisons prébendales formant un seul et même corps de bâtiment avec la maison occupée par les Pères de la Foi, à part l'édification de la chapelle, destinée alors aux réunions des congréganistes des deux sexes, et actuellement aux dames seulement, cette communauté demeurait dans un *statu quo* presque misérable.

Ce fut une sorte d'évènement pour les habitués de Saint-Michel que de voir, un matin, appendu au-dessus du maître-autel le tableau du grand archange que l'on voit aujourd'hui dans l'église de Notre-Dame, jadis des Cordeliers de Laval.

A la suite de la révolution de 1830, malgré les menaces d'un avenir incertain, les RR. PP. Jésuites commencèrent à édifier le corps de bâtiment à trois étages qui remplace les quatre maisons dont nous avons parlé ci-dessus. A peine était-il achevé que les évènements de 1832 les contraignirent d'accepter pour locataires une partie des troupes en garnison à Laval.

Cette affaire donna occasion de rire et de battre des mains aux mauvais plaisants, et aux bonnes gens de gémir en secret et de déplorer le sort de ces pauvres religieux.

Quant à ceux-ci, ils n'eurent pas l'air de s'en tourmenter beaucoup. Ils trouvèrent moyen de faire très-proprement rentrer, au fond du gosier des conscrits, les gros mots et les chansons déshonnêtes que ces jeunes étourdis voulaient se donner la fantaisie de faire entendre en signe de bravade. La bonté, la politesse, la douceur caractéristiques de l'esprit des Jésuites opéra chez ces militaires une métamorphose qui se manifesta publiquement dans l'empressement que mit le corps de musique du régiment à venir exécuter des morceaux funèbres pendant les stations du Chemin de la Croix le Vendredi-Saint, et à donner, deux ou trois années consécutives, une sérénade aux Pères de Saint Michel le premier jour de l'an.

La Société de Jésus, nous ne l'apprenons à personne, a adopté la devise de son fondateur, devise qui est celle-ci : *Ad majorem Dei gloriam*, tout pour la plus grande gloire de Dieu.

Cette devise, pour ceux qui connaissent les membres de cette Société et les ont vus à l'œuvre, est l'expression même de la vie du Jésuite dans tout ce qu'elle a de plus intime et de plus à découvert, de plus palpable et de plus secret, de plus visible et de plus mystérieux.

Ces prêtres, que d'Alembert nommait les *grands grenadiers* de la milice sacerdotale, les *gardes-du-corps* du Pape, sont en réalité des hommes pleins d'oubli d'eux-mêmes et dont l'incessante préoccupation est d'agir en toutes choses pour la gloire de Dieu et la glorification, dans leurs études, leurs veilles et leurs travaux, de la doctrine évangélique.

Ils ne s'arrêtent devant les compliments non plus que devant les injures ; ils passent et laissent très-souvent leurs amis non moins ébahis que leurs ennemis.

Non, rien ne les arrête, rien ne les trouble. Ils creusent les fondements de leur demeure chez un peuple tourmenté par l'esprit des révolutions; une bourrasque les renverse ; ils se relèvent, plaignent le sort de ceux que le ciel se prépare à châtier, et vont transporter leurs tentes sur le premier rivage venu, pour y prier Dieu, être utiles aux hommes, faire germer les semences de la charité sur les terres les plus barbares et briller partout le flambeau de la civilisation, de la science et de la foi.

Ainsi, par exemple, pour en fournir une preuve, à la suite de la révolution de Juillet 1830, peu après les évènements qui, en 1832, avaient agité les esprits dans la Mayenne, on voit les Pères de Saint-Michel restaurer complètement à l'intérieur leur église, l'embellir par des ornements architecturaux, et y élever ce magnifique autel de marbre blanc derrière lequel apparaît la statue du grand archange, œuvre de Barême d'Ancenis. Cette restauration avait lieu en 1835, et en 1837 le R. P. Arthur Martin, un tablier de maçon sur sa soutane, décorait la chapelle de la Congrégation et la transformait en un oratoire, style ogival flamboyant, avec dentelles et découpures, curieuse imitation de la dernière époque de l'ogive, le tout copié et exécuté avec grâce et avec talent.

Oui, ainsi fait le Jésuite.

Et, chose remarquable ! depuis la naissance de cet ordre jusqu'à nos jours, les nations et leurs chefs ont eu en quelque sorte pour boussole et pour baromètre la fortune de la Société de Jésus. On peut aujourd'hui apprécier l'ordre et la sécurité dans un état par le fait même de l'existence des Jésuites, de la tranquillité et de la liberté qu'ils y rencontrent pour y faire le bien.

Ouvrez, en effet, l'histoire de France, considérez les évènements qui précèdent un bouleversement et vous verrez, en 1762, les Jésuites persécutés par l'esprit anti-chrétien qui préparait la sanguinaire démence de 1793 ; vous verrez, en 1828, les Jésuites persécutés par le journalisme dans le but de détourner l'attention publique et, par ce moyen, faire crouler plus sûrement un trône, au risque d'exposer une nation à tous les déchirements de la guerre civile ; vous verrez, en 1847, les Jésuites persécutés de nouveau par le journalisme qui, derrière ce nom, prépare la chute désordonnée du trône élevé par lui en 1830, et tombant sous ses coups le 24 février 1848.

Certes, il est bien temps que les hommes sensés de tous les partis réfléchissent un peu aux causes et aux résultats des révolutions. La réponse que le roi Henri IV fit au président Harlay, qui lui débitait le *catéchisme de Pasquier*, est digne de leur attention et de leur souvenir.

« Vous faites les entendus en matière d'Etat, dit « Henri IV à Harlay, et vous n'y entendez non plus « que moi à rapporter un procès. Je veux donc que « vous sachiez, touchant Poissy, que, si tous eus- « siez aussi bien fait qu'un ou deux Jésuites qui s'y « trouvèrent à propos, les choses y fussent mieux « allées pour les catholiques... Pour les ecclésiasti- « ques qui se formalisent d'eux, c'est que, de tout « temps, l'ignorance en a voulu à la science; et j'ai « observé que, quand j'ai commencé à parler de les « rétablir, deux sortes de personnes s'y opposaient, « particulièrement ceux de la religion prétendue ré- « formée, et les ecclésiastiques mal vivant; et c'est « ce qui me les fait estimer davantage. . .

« ... Vous dites qu'en votre Parlement, les plus « doctes n'ont rien appris d'eux. Si les plus vieux sont « les plus doctes, il est vrai. Mais j'ai ouï dire que « les autres Parlements ne parlent pas ainsi, ni même « tout le vôtre... Et, si on n'y apprend mieux « qu'ailleurs, d'où vient que, par leur absence, « votre Université est rendue toute déserte, et qu'on « les va chercher, nonobstant tous vos arrêts, à « Douai et hors de mon royaume. Ils attirent à eux « les beaux esprits, dites-vous, et choisissent les « meilleurs, et c'est de quoi je les estime. Quand je « fais des troupes de gens de guerre, je veux que

« que l'on choisisse les meilleurs soldats... Il faut « avouer qu'avec leur patience et bonne vie, ils vien- « nent à bout de tout et que le grand soin de ne « rien changer ni altérer de leur première institution « les fera durer long-temps. »

On vient de le voir, les Jésuites, persécutés au commencement du règne de Henri IV, étant sortis du royaume, tous leurs écoliers les suivirent avec l'enthousiasme qu'inspirent la science et la vertu.

Le même spectacle s'est renouvelé de nos jours. En 1828, les Jésuites, persécutés en vertu d'anciens arrêts de proscription (comme si tous les arrêts de proscription contre n'importe quelle classe de la société n'avaient point été abolis par la Charte, sans quoi la France n'eût plus eu d'habitants), les Jésuites, disons-nous, virent de nouveau leurs élèves s'empresser d'aller retrouver leurs doctes et pieux maîtres sur la terre étrangère.

L'un de ces jeunes gens se rendit même jusqu'à Madrid dans le but d'obtenir une audience de Ferdinand VII et de réclamer, au nom de ses camarades, de la générosité du roi d'Espagne, un asile pour les Jésuites de France.

En approchant de Madrid, il fit la rencontre, le 21 octobre 1828, aux portes de cette capitale, d'une division de l'armée française revenant de Cadix. Il traversa à cheval les lignes du 9e régiment d'infanterie légère et d'un régiment de lanciers aux flammes couleur aurore.

Le cœur de ce jeune homme battait avec une violence qu'expliquent assez les sentiments de fierté et de bonheur qu'on éprouve à la vue de nos soldats déployant leurs drapeaux victorieux chez un peuple pacifié par leurs armes.

Les officiers de l'état-major des deux régiments s'approchèrent de lui. — Vous êtes Francais? lui dirent-ils. — Oui, certainement. — On le voyait bien. Êtes-vous un commis-voyageur? reprit le lieutenant-colonel des lanciers. — Non, monsieur. — Vous voyagez alors pour votre plaisir. — Je n'aurais pas fait choix de ce pays, ou j'aurais depuis long-temps rebroussé chemin ; car deux fois déjà j'ai failli perdre la vie, et tous mes effets sont aujourd'hui entre les mains des voleurs. Le but de mon voyage, c'est Madrid où je me rends pour les besoins d'une cause sacrée.

— Nous vous souhaitons bonne chance, répartirent les officiers ; tout-à-l'heure vous apercevrez Madrid.

Et le jeune homme continua sa route entre les lignes des soldats bordant les deux côtés du chemin. Il regarda souvent derrière lui et, malgré la vue enchanteresse que présente la capitale de l'Espagne de ce côté, surtout à un premier voyage, des larmes s'échappèrent de ses yeux en voyant disparaître derrière un petit monticule la flamme du dernier lancier.

Le jeune homme entra dans Madrid ; mais, à peine avait-il franchi les premières maisons qu'il fut assailli par une grêle de petites pierres et de fruits projetés par des enfants qui criaient *Francès! Francès!...* Force lui fut de tourner bride et de lancer son cheval au milieu d'eux pour les dissiper. Un Espagnol, aux manières aisées et polies, se présenta alors à lui et s'offrit à le conduire au collège des nobles tenu par les Jésuites.

Le plan de cette petite Notice ne saurait comporter de plus amples détails touchant le voyage de ce jeune homme ; seulement, nous croyons devoir faire connaître ici qu'à son arrivée au collège des nobles, on lui apprit le résultat de la démarche du R. P. Deplace (Jésuite français), auprès de Ferdinand VII, démarche heureuse, mais complètement ignorée des Jésuites de France et de leurs élèves ; ce qui avait occasionné le voyage de l'un d'eux, vu que, pendant deux mois d'attente, il n'était parvenu (Dieu sait pourquoi et comment), ni aux maîtres, ni aux parents des enfants, aucune nouvelle du R. P. Deplace.

Pour revenir à la communauté des RR. PP. Jésuites de Laval, nous dirons qu'en 1847, leur maison de

Saint-Michel leur servait de noviciat. Le corps de bâtiment qui relie l'église à celui de l'ancien chapitre était élevé, et il se trouvera prochainement sur le bord d'une rue large de neuf mètres, allant du pont de fer d'Avesnières à la gare, avec une place au-devant de l'église.

A l'époque dont il est ici question, le noviciat fut dissout. Les novices se disséminèrent, à l'exception de quelques-uns qui restèrent à Saint-Michel, entr'autres l'abbé Ratisbonne, de la religion judaïque, dont la conversion à Rome a eu du retentissement dans tout le monde chrétien. Il touchait l'orgue expressif de Saint-Michel, et il a reçu, dans cette église, la prêtrise des mains de Mgr Bouvier, évêque du Mans.

Il faut nécessairement le reconnaître, c'est la République de 1848 qui a laissé aux Jésuites toute la liberté et toute la latitude nécessaires au rétablissement de leurs collèges en France.

A partir de cet instant, le noviciat de Saint-Michel s'est reconstitué de la façon la plus brillante. Des peintres ayant exposé plusieurs fois de leurs œuvres au palais du Luxembourg, des hommes de lettres connus dans le monde littéraire, des avocats, des élèves de l'Ecole normale supérieure de Paris, des officiers distingués de l'armée de terre, d'habiles médecins, des officiers de marine ont peuplé cette maison de héros disposés à sacrifier leur vie pour adoucir les derniers moments de nos braves soldats sur les champs de bataille de la Crimée ou de l'Algérie, dans les hôpitaux pour consoler et ranimer la foi des moribonds, dans les colléges pour enseigner à l'adolescence les sentiers de la justice et de la foi et, sur les plages étrangères, éclairer du flambeau de la civilisation les peuples ensevelis dans les ombres de l'ignorance et de la mort.

Les novices suivent à Saint-Michel des cours particuliers de littérature, de philosophie, de physique et de théologie, et ont à leur disposition une importante bibliothèque et un superbe cabinet de physique.

Cette communauté des Pères Jésuites de Saint-Michel a possédé des prêtres du plus haut mérite. Nous ne nous arrêterons ici qu'aux plus éminents : les abbés de Mac-Carthy, de Ravignan, Combalot parmi les prédicateurs ; parmi les savants l'abbé Moigno, aujourd'hui célèbre rédacteur du *Cosmos*, l'abbé Arthur Martin, l'archéologue ; parmi les écrivains et les philosophes l'abbé Bouix, auteur de la Vie de sainte Térèse, l'abbé Wrintz, dont le nom, avec ceux des PP. Varlet, Béquet et Debrosses, ont reçu les hommages respectueux du génie même égaré, quand M. Lamartine a écrit ces paroles au souvenir de leurs vertus : Ces Jésuites, « mes amis plus que

« mes professeurs, resteront toujours dans ma mé-
« moire comme des modèles de sainteté, de vigilance
« et de paternité, de tendresse et de grâce pour leurs
« élèves. Leurs noms feront toujours pour moi partie
« de cette famille de l'âme à laquelle on ne doit pas
« le sang, mais l'intelligence, le goût, les mœurs et
« les sentiments. »

Les Pères Jésuites de Saint-Michel ne font aucun office public, à l'exception de leurs Saluts les jours de fête et le dimanche. Autrefois, avant 1837, ils chantaient une grand'messe et les vêpres le vendredi de la Fête-Dieu, jour consacré au Sacré-Cœur, et le 29 septembre pour la saint Michel.

Jusqu'à ce jour, ils n'ont fait aucun service pour la sépulture de leurs pères ou de leurs novices décédés. Notre terre cependant possède les vénérables dépouilles d'un certain nombre de leurs membres, celles du R. P. Thomas, premier recteur de la maison de Saint-Michel; du R. P. Chanon, fondateur de la communauté de la Miséricorde; du R. P. Coince, dont la tombe a été tant de fois foulée des genoux du peuple; du R. P. Cahier, le confesseur et le prédicateur infatigable; du R. P. Debrosse, fondateur de la chapelle de *Saint-Joseph-des-Champs* dans les landes où il est inhumé, etc., etc.

Une seule fois, les Pères Jésuites de Saint-Michel

ont célébré un service funèbre dans leur église, le 25 mai 1853, pour le repos de l'âme du R. P. Roothaan, hollandais d'origine, général de leur Compagnie, mort à Rome le 8 mai de la même année.

L'office fut chanté avec accompagnement d'orgue et en chœur par une masse de voix, de la manière la plus grave et la plus solennelle. Au milieu de l'église était un catafalque bien simple, entouré de cierges jaunes et blancs. La bière était décorée des armes de la Société de Jésus, le monogramme I. H. S. entouré d'une couronne d'épines. Tout le chœur était tendu de draperies noires et blanches avec des larmes d'argent ; les chandeliers de l'autel et du catafalque portaient des écussons aux armes d'argent de la Compagnie. La grande arcade du milieu du chœur était remplie par une large croix blanche, tandis qu'au-dessus de cette croix deux anges élevaient un écusson portant ces mots : *Beati qui in Domino moriuntur*, paroles prophétiques qui semblaient rayonner comme un éclair d'espérance au front des religieux placés dans le chœur sur deux lignes, n'ayant que leur robe noire et la barette, sans surplis ni rochet.

L'office fut fait suivant le rite romain. Tous les Pères Jésuites, à l'Évangile et au moment de l'Élévation, eurent chacun à la main un cierge allumé.

Avant de donner une idée de la beauté des cérémonies religieuses des Pères Jésuites de Saint-Michel, il n'est pas inutile de noter ici que leur église renferme des tableaux dignes d'être appréciés, entr'autres les tableaux des quatre Évangélistes ; dans la chapelle de la Sainte-Vierge, les tableaux de *Pierre Claver* et le *Songe de Nabuchodonosor* ; dans celle du Sacré-Cœur, les tableaux de *Jean de Britto* et de *André Bobola;* dans la chapelle de Saint-Alphonse, la *Conversion de saint Paul* renversé sur le chemin de Damas ; dans la chapelle de Saint-Ignace, la statue de ce saint, dont *la tête* est celle de la statue de leur ancien collège de la Flèche, puis un portrait de saint Stanislas, véritable type de la beauté angélique.

Il est difficile de ne pas reconnaître que les Jésuites possèdent au suprême degré le sentiment des œuvres religieuses, le don de science dans les manifestations du catholicisme et surtout du culte d'adoration qu'on rend à Dieu, d'honneur et de vénération qu'on rend à ses saints. Au milieu des savanes de l'Amérique, sur les lacs, dans la pirogue d'écorce de l'Indien, ils enseignent au sauvage, sans connaître un mot de sa langue, la religion du Crucifié avec une lyre ou de simples images ; et, au moyen de pompeuses cérémonies dans nos églises, ils attirent et font agenouiller au pied des autels le philosophe orgueilleux qui se croyait trop civilisé pour s'arrêter à la pratique d'une religion inventée, selon lui, pour le peuple.

Chez les Jésuites, a encore dit M. Lamartine, « j'ai « vu ce qu'on pouvait faire des hommes, non en les « contraignant, mais en les inspirant. Le sentiment « religieux qui animait nos maîtres nous animait « tous. Ils avaient l'art de rendre ce sentiment ai- « mable et sensible, et de créer en nous la passion « de Dieu. Avec un tel levier placé dans nos cœurs, « ils soulevaient tout. Quant à eux, ils ne faisaient « pas semblant de nous aimer, ils nous aimaient « véritablement, comme les saints aiment leur de- « voir, comme les ouvriers aiment leur œuvre, « comme les superbes aiment leur orgueil. »

C'est ainsi du reste qu'en toutes les circonstances de la vie nous avons vu les Jésuites faire abstraction des castes, de la fortune et des grandeurs mondaines pour unir, par n'importe quel point de contact, leurs vertus aux faiblesses, aux misères et aux souffrances de l'humanité.

Leur existence, comme *Société de Jésus*, s'est révélée au monde par ces paroles : ***Pour la plus grande gloire de Dieu***, et la vie de chacun de ses membres en a été la traduction réelle et visible.

Les religieux Jésuites se lèvent tous les jours à quatre heures du matin, et consacrent quatorze heures au travail. Leurs chambres sont des cellules. On y voit une table pour écrire, ayant pour ornements un crucifix, une statuette de la Vierge et quelques livres de dévotion; deux chaises, un prie-Dieu et un lit de la plus simple espèce avec une paillasse et un matelas.

Les Jésuites sont, dans les collèges des pères dévoués; sur les champs de bataille, des frères passionnés; dans les bagnes, des amis tendres et affectueux; aux pieds des autels, des serviteurs pieux. Leurs cérémonies s'attaquant tout à la fois à l'esprit, au cœur et aux sens, à tout l'homme en un mot, les peuples se sentent profondément émus et dominés par le sentiment d'une vive croyance en la religion du Christ au seul aspect de la piété et de la ferveur de ces admirables religieux.

Pour rendre, autant que possible, moins imparfait notre petit écrit sur la communauté des RR. PP. Jésuites de Saint-Michel, nous croyons utile de faire suivre ces lignes de quelques détails des plus belles cérémonies qui ont eu lieu dans leur église.

Dans un rayon de deux à trois cents kilomètres on ne trouverait pas un chœur de voix d'hommes comparable à celui de l'église de Saint-Michel de Laval. Ce sont les novices de la Compagnie de Jésus qui le composent, et parmi eux il y a des voix charmantes, des chanteurs pleins de mérite. Mais, ce qui naguère excitait bien plus encore l'enthousiasme des auditeurs c'était le magnifique talent du P. Basuieau, qui se livrait, sur l'orgue, à ses inspirations, pieuses et saintes comme une pensée de sainte Thérèse, délectables comme l'ivresse de l'extase impossible à décrire, mais que l'on peut sentir et goûter.

Tous les dimanches et les jours de fête il y a, dans l'église de Saint-Michel, sermon suivi d'un Salut solennel.

Chaque année le mois de Marie y est célébré avec la plus grande pompe. Les décorations, les chants, les prédications participent de l'élan qu'impriment à tous les cœurs le bonheur de rendre hommage aux vertus et aux grâces de la dispensatrice des bienfaits de la miséricorde divine. La chapelle de Saint-Michel devient un trône élevé à la gloire de la Reine du ciel et de la Consolatrice des affligés. Tout sert entre les mains des Pères Jésuites, depuis la fleur des champs jusqu'aux jets étincelants des feux électriques, d'instrument de piété pour honorer et faire honorer la Vierge bénie, Mère immaculée du Fils de Dieu.

Au nombre des cérémonies religieuses dont l'église de Saint-Michel a été témoin, nous pourrions enregistrer ici des *retraites* pour les deux sexes, la fête de la béatification d'Alphonse Rodriguez, frère coadjuteur de la Compagnie de Jésus, la translation des reliques de saint Iomède, etc.; mais, afin de ne pas donner une trop grande étendue à notre *Notice*, vu la nécessité où nous sommes de nous renfermer en des bornes assez étroites, nous nous contenterons de faire le récit de quelques cérémonies qui ont eu lieu à Saint-Michel depuis le commencement de la seconde partie du XIXe siècle.

TRIDUUM

A l'occasion de la Béatification de Pierre Claver,

PRÊTRE DE LA COMPAGNIE DE JÉSUS.

On conservera long-temps à Laval le souvenir des fêtes religieuses qui ont eu lieu, dans l'église de Saint-Michel, à l'occasion de la béatification du B. Claver, de la Compagnie de Jésus, mort il y a bientôt deux siècles, après quarante ans de travaux pénibles et pleins de périls, pour arracher aux ténèbres de l'ignorance et aux chaînes de l'esclavage une race d'hommes avilie jusqu'à l'abaissement de la brute.

Dès quatre heures du matin, le dimanche 25 juillet

1853, la foule se rendait de toutes les rues de la ville à l'antique chapelle des chanoines du Cimetière-Dieu de Saint-Michel, restaurée à l'intérieur par les soins des PP. Jésuites, mais trop petite aujourd'hui pour contenir les nombreux fidèles qui y accourent de toutes parts. Le carré oblong situé au-devant de l'église figurait un vestibule formé d'une porte triomphante, avec cette inscription sur la corniche : BEATO PETRO CLAVER, et d'arcades aux colonnettes contournées de guirlandes en feuilles de lierre. Au-dessus s'étendait, comme à la Fête-Dieu, un ciel en toile, au centre duquel était une large couronne de feuillages diaprée de fleurs encadrant les lettres J. H. S. Des caisses d'orangers paraient de leur verdure les degrés de la porte de l'église, dont le fronton était orné du portrait du saint apôtre avec ces paroles de saint Luc :

Spiritus Domini super me :
Evangelizare pauperibus misit me,
Prædicare captivis remissionem. (LUC 4.)

L'esprit du Seigneur s'est reposé *sur moi ; il m'a envoyé évangéliser les pauvres et annoncer aux captifs leur délivrance.*

On lisait au milieu du cintre de l'arcade, en face, ce passage de l'Écriture sainte :

Satiavit sedentes in tenebris et in umbrâ mortis, vinctos in mendicitate et ferro. (Ps. 106.)

Il a rassasié de lumière ceux qui étaient assis dans les ténèbres et à l'ombre de la mort, et rempli de consolations les délaissés dans leur misère et sous le poids des fers de leur esclavage.

Et sur la porte de la chapelle de saint Alphonse :

Justus, qui ambulat in simplicitate suâ, Beatos post se filios derelinquet. (Prov. 20.)

Le juste qui marche dans la voie de sa propre droiture laisse après lui des fils bienheureux.

L'agencement des décors à l'intérieur de l'église offrait un spectacle non moins nouveau que gracieux et doux à l'œil. Depuis le bas de la nef jusqu'au chœur appendaient des draperies roses et blanches, avec des franges couleur d'or, qui ondoyaient, en plis légers sur le fond azuré des arcades, entre chaque colonne revêtue de damas à fleurs rouges. Un petit autel avait été dressé en face de la chaire, recouverte elle-même de damas et de gances dorées, pour recevoir les reliques du bienheureux Claver, représenté en un tableau au-dessus de cet autel. Il est peint tenant en sa main droite un bâton de voyage surmonté d'une croix ; il est entouré de nègres demi-nus, à genoux ou assis à terre, de chefs de *chair rouge*, la tête empanachée de plumes variées d'oiseaux, qui l'écoutent avec attendrissement. On sait qu'il a partagé leurs souffrances et soigné leurs plaies avec un zèle et un dévouement inconnus même aux sublimes inspirations de la sœur de charité. On lisait dans deux jolis encadrements, de chaque côté du tableau :

Pater
eram
pauperum.

—

J'étais le père
des pauvres.

Omnium
me servum
feci.

—

Je me suis fait
l'esclave de tous.

Du sommet de la voûte du chœur, parsemée de têtes d'anges, descendait, comme d'un immense baldaquin, une longue et riche draperie, semblable à des vagues d'écharpes festonnées, et teintes des nuances les plus tendres, pour voiler le sanctuaire de la divinité. L'autel, toujours si beau, si bien orné, et au-devant duquel scintillent les lumières reverbérées de deux magnifiques candélabres, était surmonté d'une gloire projetant ses rayons d'or à travers un cercle de nuages entr'ouverts, derrière lesquels on apercevait, dans un lointain vaporeux, l'image du saint apôtre s'élevant vers les cieux, au milieu d'un cortège céleste, pour aller recevoir la récompense que Dieu a promise à ses serviteurs.

Beaucoup de personnes ont fait l'éloge du goût et de l'habileté des décorateurs de l'arcade où se trouvait placé le trône de Mgr l'évêque du Mans, et de l'arcade en face. On eût dit de loin deux tableaux encadrés de chaînettes d'argent, et ayant pour couronnement les rayons multipliés d'une demi-rosace de gaze et de soie blanche, jaune et rose.

De tels préparatifs annonçaient des cérémonies extraordinaires ; elles n'ont point non plus été au-dessous des espérances des fidèles. Chaque jour du *triduum* a été célébré avec un grand concours de peuple avide d'entendre le récit de la vie apostolique du missionnaire de Carthagène. Mgr l'évêque du Mans donna la bénédiction au Salut du dimanche et officia pontificalement toute la journée du mercredi. Il était assisté d'un père de Saint-Michel en chape, de M. le curé de la Trinité faisant les fonctions de diacre, et de M. le curé de Saint-Vénérand faisant les fonctions de sous-diacre. La grand'messe a été chantée en musique. Cette messe était de Mercadante. On a remarqué le *Kyrie eleison*, chant grave, religieux et soupirant la prière ; le motif *et incarnatus est* et le *crucifixus* du *Credo*, le premier gracieux et tendre, le second dramatique et presque théâtral ; le *Benedictus* (de Lesueur) pendant l'Élévation, qui a plongé l'assistance en une pieuse extase et soulevé des murmures applaudisseurs, les Psaumes des vêpres chantés en faux bourdon par quarante voix, et surtout le *Dixit Dominus* (d'Asioli) d'un effet admirable. L'assistance ne se lassait point d'admirer le talent de l'organiste, novice de la Compagnie de Jésus, mariant la mélodie de son jeu à la suavité d'expression des magnifiques voix des chanteurs.

Le panégyrique du bienheureux Claver fut prononcé, à l'Évangile, par le R. P. Deriquebourg, dont la vue me rappelle toujours les douces joies de ma jeunesse, sainte connaissance de mon cœur qui n'en perdra jamais le souvenir. C'est lui, à une époque déjà éloignée, qui embellissait par ses chants les fêtes du *triduum* pour la béatification d'Alphonse Rodriguez dans la chapelle de Sainte-Anne d'Auray ; et c'est lui encore qui contribuait puissamment à la solennité de la béatification de Pierre Claver, lui qui venait toucher et attendrir les âmes en leur révélant que la religion seule donne la véritable immortalité.

Parmi les nombreux ecclésiastiques accourus des communes voisines et même éloignées pour édifier les assistants et embellir de leur présence cette glorieuse solennité, les regards se portèrent avec un intérêt tout remarquable sur le vénérable curé du Bignon, martyr échappé au glaive de la persécution par la volonté du ciel.

Un Salut solennel termina cette série de fêtes sous les feux des lustres suspendus, par échelons, à la voûte du chœur, les tourbillons de gaze, de bouquets de lumières sur l'autel, et d'étoiles autour de la gloire resplendissante du bienheureux.

Pendant le Salut, un vieillard, vêtu d'une blouse, était arrêté au milieu d'une foule compacte sur les degrés de l'église. Ses yeux, affaiblis par l'âge, pouvaient à peine apercevoir l'image du bienheureux au-dessus du grand autel. Dans le but de ne point perdre le fruit de sa prière, il s'adressait tout haut au portrait du saint apôtre, placé au-dessus de la porte de l'église. Ses voisins ayant eu l'air de rire de lui comme d'un homme sortant d'un cabaret, il les regarda en face et leur dit : « Oui, oui, s'il veut me « guérir, je lui en saurai bon gré; il y a quarante « ans que je souffre d'une blessure que j'ai attrapée « au siège de Sarragosse ; et, pour que vous n'en « doutiez point, je vais vous la montrer. » Ces paroles changèrent en un instant l'expression des physionomies, et chacun admira en silence la foi de ce vieillard qui avait dépensé son sang pour la patrie, et qui maintenant réclamait, par l'intercession d'un prêtre espagnol, la fin de ces souffrances qui avaient trouvé leur origine dans le siège affreux d'une ville espagnole. Que le ciel exauce sa prière !

Avant de se retirer, Mgr l'évêque du Mans prononça, du pied de l'autel, quelques paroles bien senties et bien dignes. La solennité de la béatification d'un saint prêtre a sans doute saisi le cœur de notre vénérable prélat. C'est, dit-on, à une *Vie des Saints* qu'il doit d'avoir entendu les premières suggestions de sa vocation sacerdotale. Il était jeune, bien jeune, lorsqu'il en fit sa lecture chérie. Le seigneur de l'endroit, à qui appartenait le livre, ayant remarqué son assiduité à le lire, lui dit : « Tu aimes bien ce livre? — Beaucoup. — Eh bien! garde-le, tu me le rapporteras quand tu seras évêque.

Mgr Bouvier, quelque quarantaine d'années après, le rapporta en effet, mais il lui fut, on le comprend, tout à fait abandonné, comme ayant trop bien servi à présager son avenir.

TRIDUUM

A l'occasion de la Béatification de Jean de Britto,

PRÊTRE DE LA COMPAGNIE DE JÉSUS.

Le mercredi 15 février 1854, la solennité de la béatification de Jean de Britto mit en mouvement la population de notre ville et de ses environs. Pendant les trois jours du *triduum* l'église de Saint-Michel ne put contenir la foule empressée d'assister aux offices du matin et du soir, et dans les intervalles desquels elle n'a pas cessé d'être remplie par la procession continuelle des visiteurs.

Les décorations de l'église étaient différentes de celles qu'on avait admirées à l'époque de la solennité de la béatification de Pierre Claver. Un goût plus sévère y avait présidé. L'effet était non moins riche et rappelait, par la couleur des ornementations, les tortures sanglantes d'un martyr.

Du bas de la nef jusqu'au chœur, des draperies roses, garnies de couronnes, couraient le long de la corniche, au-dessous de laquelle une seconde draperie rouge, relevée élégamment de distance en distance, laissait apercevoir un écusson portant les deux lettres J. B. au milieu de deux palmes. De grands tableaux, de damas rouge bordés d'or, en forme des tables de la loi de Moïse, remplissaient les cintres qui relient entre elles les colonnes de la nef, cannelées avec de la gaze pour les mettre en rapport avec leur couronnement métamorphosé en un autre ordre d'architecture. Le fond du chœur, entièrement drapé de rouge, présentait, à l'entrée, sur deux écussons, d'un côté les armes du Souverain Pontife Pie IX, et de l'autre les armes de la Compagnie de Jésus, I.H.S.

Au-dessus de l'autel apparaissait l'image du bienheureux de Britto derrière les rayons d'une immense gloire au pied de laquelle se dessinaient deux palmes aux rameaux étendus et scintillants de fruits lumineux, effet produit par des verres aux couleurs de l'émeraude, du rubis, du topaze, etc. Au-dessous de cette gloire, de chaque côté de l'autel, encadrés dans les flammes de deux banderolles de diverses couleurs, deux écussons de velours, portant ces inscriptions,

L'un, MARTYR. L'autre, APOSTOLUS.

Ainsi que pour l'exposition des reliques du bienheureux Claver, un petit autel avait été dressé dans la nef, en face de la chaire, pour y recevoir, non les reliques de Jean de Britto, mais la gravure représentant la scène de son martyre.

Mgr l'évêque du Mans officia pontificalement toute la journée. Il était assisté du R. P. supérieur de Saint-Michel et d'un grand-vicaire, M. Vincent, en chapes, de M. le curé de la Sainte-Trinité, faisant les fonctions de diacre, et de M. le curé du Grand-Saint-Jean de Château-Gontier, faisant les fonctions de sous-diacre.

La grand'messe fut chantée en musique par un chœur nombreux de voix d'hommes habilement dirigées. Pendant que Mgr l'évêque se revêtait de ses habits pontificaux, un novice, l'abbé Basuieau, exécuta sur l'orgue un morceau rempli de modulations aussi heureuses que bien senties. La musique de la messe était de différents compositeurs : le *Kyrie*, le *Gloria* et l'*Agnus Dei* de Bellami. Dans certains passages de ces deux dernières compositions, il y a de la poésie onctueuse. On a été vivement impressionné par le magnifique *incarnatus est de Mariâ Virgine*, et l'*expecto resurrectionem mortuorum* du *Credo* du P. Lambillotte. Le *Justus, ut palma, florebit*, de Rossini, fut exécuté pendant l'Offertoire. Ce morceau, riche d'effets mélodieux, exigerait une étude toute spéciale pour formuler notre sentiment sur sa gracieuse et savante contexture. Après un *sanctus* au brillant *hosanna*, de Diestch, une autre belle composition, du même auteur, remplit des harmonieuses pensées de la prière les moments silencieux de l'Élévation.

A l'Évangile, le R. P. Boué prononça en chaire le panégyrique du bienheureux de Britto. Ce jeune prêtre de la Compagnie de Jésus se montra plein de verve et chrétiennement inspiré dans l'éloge du martyr portugais. Il fit preuve d'une noble adresse quand il rappela à Mgr du Mans qu'il était le *Père de leurs Pères*, et que le sang qui coule en ses veines recherchait en ce moment la gloire du martyre parmi les idolâtres de la Chine. La physionomie sévère de ce prédicateur, son langage bref et positif en avaient fait un prédicateur recherché et goûté par les fidèles de Saint-Michel.

Les vêpres avaient attiré la même foule compacte. On a écouté avec une pieuse attention le chant varié de tous les versets des psaumes ***Dixit Dominus***, musique du P. Lambillotte, et ***Credidi***, musique d'Asioli. On a surtout remarqué ces deux passages du dernier psaume ***Ego dixi in excessu meo : Omnis homo mendax***, et ***O Domine, quia ego servus tuus, ego servus tuus et filius ancillæ tuæ.*** C'était touchant et musicalement vrai. Nous ne saurions non plus passer sous silence ce verset du psaume ***Confitebor : Sanctum et terribile nomen ejus; initium sapientiæ timor Domini***, chanté par une seule voix suivant le rithme du plein-chant ordinaire. Il produisit une impression universelle. Ce qui atteste que, pour peu que l'on éprouve de l'indifférence en écoutant le chant des psaumes, si grandiose dans sa simplicité, c'est que trop souvent ce chant est confié à des hommes qui n'y comprennent rien et ne peuvent conséquemment inspirer aucune piété à ceux qui les écoutent.

La solennité de la béatification de Jean de Britto se termina, le soir, par un Salut solennel des plus brillants. Le ***Justus, ut palma, florebit***, de Rossini, fut de nouveau chanté avec un ***Adoremus***, de

Lambillotte, et un *Ave, Regina cœlorum*, de Mertian. Ce dernier morceau est d'une suavité qui plaît au cœur comme le joyeux refrain de nautoniers rentrant dans le port.

Au moment de la bénédiction, le R. P. Fournier, supérieur de Saint-Michel, debout au pied de l'autel, lut à haute voix les lettres de la béatification du martyr portugais, délivrées par le Souverain Pontife Pie IX, en août 1853. (3)

L'église n'ayant pu contenir toute la foule qui se pressait à la porte, on rencontrait encore à huit heures et demie du soir des processions d'ouvriers se rendant, de toutes les parties de la ville, à Saint-Michel pour jouir du ravissant coup-d'œil que présentait l'illumination du chœur. Malheureusement le temps, ou la foule, avait mis obstacle à l'illumination du NOM, en verres de couleur, du bienheureux qui surmontait son tableau sous le portique dressé, avec colonnettes et feuillages entremêlés de verres de couleur, au-devant de l'église, et sur le cintre duquel on lisait : ***Beato Joanni de Britto.***

(3) Le R. P. Fournier était, l'année d'après, à Schangaï, en Chine, où il exposait ses jours pour les chrétiens de ces contrées livrées à tous les désordres de l'anarchie.

TRIDUUM

A l'occasion de la Béatification de André Bobola,

PRÊTRE DE LA COMPAGNIE DE JÉSUS.

La poésie enivrante des cérémonies du catholicisme a de tout temps rencontré dans la Compagnie de Jésus ses interprêtes les plus brillants et les plus suaves. On ne saurait calculer le nombre des visiteurs qui, depuis l'ouverture du *triduum*, pendant les journées des 1er, 2, 3 et 4 juillet 1854, fréquentèrent l'église de Saint-Michel. Elle était décorée de manière à attendrir les vieillards et à faire joindre aux enfants leurs petites mains avec une délectation toute angélique.

Pour fêter la béatification du martyr polonais, l'église de Saint-Michel avait revêtu de splendides ornements. Au-dessus de l'autel apparaissait l'image du bienheureux, blanchi avant l'âge par ses travaux apostoliques. L'éclat d'un grand nombre de lumières rendait transparent le tableau dans lequel ce héros était représenté s'élevant vers les cieux, une palme à la main, au milieu d'une gloire d'où s'échappaient d'immenses rayons d'or, à travers une double ondulation de nuages parsemés de lumières qu'on était tenté de prendre pour les gouttes étincelantes du sang répandu en l'honneur de sa foi par le martyr.

Au sommet de l'arcade du chœur brillaient les armes de la Compagnie de Jésus, d'or sur cramoisi; autour du cintre régnait une guirlande de losanges garnis de rosaces d'or sur damas; au-dessous circulaient des draperies jaunes, roses et blanches, parsemées d'étoiles d'or et bordées d'une large frange, semblable à une gaze soufflée d'or et retombant le long des deux pilastre presque jusque sur le parvis du sanctuaire. Les tribunes du fond étaient à demi-voilées par des draperies bleues étoilées.

Au-dessus des colonnes de la nef, des draperies blanches et cramoisies couraient en ondulations multiples autour de la grande corniche, décorée de dessins peints en relief sur fond rouge. Les colonnes elles-mêmes étaient revêtues, du haut en bas, de damas à grandes fleurs, et garnies de girandoles à plusieurs branches, dont les lumières faisaient étinceler, sur le fond vert d'un écusson, les lettres I. H. S. en argent rehaussé par un violet des plus tendres. Une guirlande de buis couronnait les corniches des arcades d'où retombaient en arc, ici des draperies bleues et rouges avec étoiles d'or, là des draperies jaunes, roses et blanches avec bordures également d'or. Au milieu de la corniche brillait le chiffre en argent d'André Bobola, figuré par les deux lettres A. B., sur velours cramoisi entouré de palmes.

De superbes et beaux tableaux, portant de pieuses inscriptions, remplissaient le centre des arcades. Sur l'un, placé au-dessus de la porte de la sacristie, on lisait :

Andreas Bobola, in omnem pictatem à pveritiâ ervditvs, paternis opibvs abdicatis, Societati Jesv nomen dedit VI non. JVL. an. M D. C. XI, opes cœlo perpetvo fenore redemptvrvs.

André Bobola, élevé dès son enfance dans la piété, renonça aux biens paternels et entra dans la Compagnie de Jésus le 6 des nones de juillet de l'an 1611, afin d'en jouir dans le ciel avec usure pendant toute l'éternité.

Sur l'autre, en face :

Andreas Bobola, Lithvaniæ apostolvs nvncvpatvs, ad meliorem frvgem catholicos revocavit, insolentem schismaticorvm avdaciam, non fractvs laboribvs, non pericvlis territvs, contrivit.

André Bobola, apôtre de Lithuanie, rappela les catholiques à une vie plus fructueuse en bravant, sans nul souci des peines, des travaux et des périls, la superbe audace des schismatiques.

Au-dessus du petit autel dressé devant la chaire pour recevoir les reliques du martyr :

B. Andreas, à Photianis deprehensvs, pervstis face

carnibvs, assvtis intra vngvlas fixis, cvspidibvs, virgis, fvstibvs, lingvâ, ocvlo, naribvs, pelle exsvtvs, demvm gladio fortissimè occvmbens, XVII kal. jvn. an. M. D. C LVII, Veritatem fidei et charitatis singvlis artvbvs confirmavit.

Le bienheureux André, saisi par les schismatiques Photiens, qui lui brûlèrent les chairs avec des torches, lui enfoncèrent des éclats de bois sous les ongles, déchirèrent, coupèrent, tailladèrent son corps avec des pointes, des verges et des fouets, lui arrachèrent l'œil, la langue, la peau, et l'immolèrent enfin sous le tranchant du sabre, a ainsi, par tous ses membres, rendu témoignage à l'unité de la foi catholique et de la charité, le 17 des calendes de juin l'an 1657.

Au-dessus de la porte de la chapelle de saint Alphonse :

Polonia, parens martyrvm, ANDREAM BOBOLAM an. M. D. LXXXXII A. P. V. (4) orbi christiano prœbvit, et rei cathol. præsidivm vt novvm sibi et S. J. accederet decvs.

La Pologne, mère des martyrs, a, l'an 1592 de l'enfantement de la Vierge, donné au monde chrétien André Bobola pour appuyer et soutenir les intérêts de la Foi en faisant luire sur elle et sur la Compagnie de Jésus les rayons de cette nouvelle gloire.

Au-dessus de la porte de la chapelle de saint Ignace :

PIVS VIIII, P. M., ANDREAM BOBOLAM, martyrio, integritate corporis aliisqve miracvlis insignem, beatis

(4) A partu Virginis.

adscripsit, III kal. nov. an. M. D. CCC LIII. vt rem cathol. cœlo prœsenti ope sospitet.

Pie IX, Souverain Pontife, a, le 3 des calendes de novembre 1853, mis au rang des bienheureux André Bobola, renommé par son martyre, l'incorruptibilité de son corps dans la tombe et par ses miracles, afin qu'en ces temps on appelât du haut du ciel sa protection sur les intérêts de la religion catholique.

Pendant les trois jours préparatoires à la solennité de la béatification du martyr d'Ianof, une foule nombreuse s'est pressée autour de la chaire de l'église de Saint-Michel, qui, le matin, pour la méditation, était occupée par un père Jésuite polonais, dont l'accent étranger, la prononciation craintive et embarrassée ne laissait pas néanmoins, et par cela même, que d'avoir quelque chose de touchant et d'aller au cœur, et, le soir, par le R. P. Gagarin, d'origine russe, dont les traits à la Louis XVI et le beau langage ont vivement impressionné l'assistance.

Pour le mardi 4 juillet, jour consacré à la solennité de la béatification, les décorations de l'église se prolongèrent à l'extérieur. Deux superbes arcs de triomphe, de styles différents, apparaissaient le matin, dressés l'un sur le bord de la rue, avec cette inscription sur la corniche :

B. Andreæ Bobola, martyri invicto, sospitatori.

Au bienheureux André Bobola, martyr invincible, patron céleste.

Il donnait entrée sur une sorte de vestibule ou pérystile découvert, formé par des caisses d'arbres et de fleurs, des tableaux et des lances, à chacune desquelles était appendue une couronne de feuillage.

Le second, sur les marches de la porte de l'église, cachait sous son large cintre le portrait du bienheureux, en présentant aux regards, au-dessus de la corniche, un tableau avec cette inscription :

Deo filio, Regi martyrvm, quod ANDREAM BOBOLAM propvgnatorem vnitatis catholicæ, martyrii coronâ et honoribvs cœlitvm Beatorvm decoravit Societas Jesv.

La grand'messe fut chantée en musique et célébrée pontificalement par Mgr l'évêque du Mans. Sa Grandeur était assistée du P. ministre de la maison de Saint-Michel, en chape, de MM. les archiprêtres de Saint-Vénérand et de Notre-Dame de Mayenne, faisant les fonctions de diacre et de sous-diacre. Du bas de la nef, les ornements en velours brodés d'or dont étaient revêtus les officiants et assistants produisaient le plus majestueux effet.

Parmi les différents morceaux de musique qui furent exécutés, on remarqua particulièrement le *Kyrie*, le *Qui tollis peccata mundi* du *Gloria*, l'*Incarnatus est* et le *Judicare vivos et mortuos* du *Credo*, le *Benedictus* de l'Élévation, et l'Offertoire ou le *Justus, ut palma, florebit* du P. Lambillote, véritable inspiration rossinienne, qu'on aime et qu'on chante avec cette allégresse que font naître au fond du cœur les œuvres de ce mélodieux compositeur. On peut se rendre compte du talent de l'organiste quand on saura que son jeu, si fin, si délicat, si merveilleusement senti, fait oublier parfois les accents des voix humaines, et s'empare de l'attention des âmes qui se sentent pour ainsi dire transportées au-dessus de la terre, dans une atmosphère où règnent les parfums de la prière et de l'amour le plus pur.

Mgr l'évêque du Mans officia également aux vêpres qui furent chantées dans un mouvement solennel. Les psaumes en faux bourdon rappellent la grave et presque douloureuse harmonie que les enfants d'Israël durent faire entendre le long des fleuves de Babylone quand, dans l'amertume de l'exil, ils y suspendaient aux saules des rives leurs harpes muettes.

L'heure du Salut ramena le peuple en foule dans l'église de Saint-Michel. Jamais peut-être il n'y était accouru autant de monde des environs de notre ville, ainsi que des villes et des bourgs même assez éloignés.

Nous ne chercherons point à analyser le discours du R. P. Gagarin. Pour en donner une idée, il nous faudrait presque le rapporter en entier. C'était de l'érudition, puis encore de l'érudition. Resserrant dans un cadre de peu d'étendue la vaste et complète histoire du schisme avec ses révolutions en Turquie, en Grèce, en Russie, en Pologne, etc., l'orateur a pris l'erreur à son berceau et l'a poursuivie à travers les scènes de sang et de misère qu'elle a engendrées, jusqu'à l'époque du martyre d'André Bobola.

Avant de terminer, le prédicateur a déclaré avec attendrissement qu'il avait eu le malheur de naître dans le schisme, mais que, maintenant, éclairé par les lumières de la grâce, il soupirait après le bonheur de faire entendre les paroles de la vraie foi aux schismatiques de Saint-Pétersbourg et de Moscou, et de leur raconter la douce et vive piété des habitants de Laval, les vertus du prélat qui était à la tête du diocèse du Mans et dont la présence lui imposait en ce moment une réserve pleine de sacrifice pour son cœur et ceux de la nombreuse assistance.

Cette solennité a pris fin dans un magnifique Salut en musique. Au sein de cette atmosphère parfumée, de ces torrents d'harmonie, de ces jets lumineux et incandescents des flambeaux, l'image du bienheureux, enveloppée de la fumée de l'encens, semblait apparaître, par un effet magique d'optique, comme au milieu d'un ciel lointain qui appelait à la gloire tous les enfants de Loyola.

Après le Salut, Monseigneur a monté de nouveau

les degrés de l'autel, et, la crosse à la main, la mitre en tête, a adressé à la foule une allocution tout à la fois raisonnée et sentie pour célébrer les nobles et saints travaux des prêtres de la Compagnie de Jésus.

André Bobola, dont on venait de célébrer avec tant de pompe, dans l'église de Saint-Michel de Laval, la récente béatification, naquit en 1592 dans un château du palatinat de Sandomir. Il eut pour père un noble seigneur, Christophe Bobola. Sa famille était ancienne. Au XIIIe siècle, elle avait quitté la Bohême pour s'établir en Pologne, et bientôt d'éminents services ajoutèrent à l'illustration qu'elle avait déjà. Plusieurs de ses membres se distinguèrent dans les armées, dans les conseils et dans l'église.

Le jeune André fit des études chez les pères Jésuites et se fit admettre dans leur Société à l'âge de 12 ans. Son martyre est un des plus effroyables à raconter.

LES QUARANTE MARTYRS.

Le dimanche 15 juillet 1855 une belle cérémonie attirait un grand nombre de fidèles à l'église de Saint-Michel de Laval. Cette solennité ne comportait point les cérémonies usitées dans les béatifications, mais seulement celles que réclame le rétablissement d'une fête oubliée depuis deux siècles et qui doit être célébrée avec toute la pompe d'une réparation honorifique envers la gloire des martyrs de la foi.

Voici en deux mots son origine et son explication :

En 1750, soixante-huit religieux de la compagnie de Jésus s'étaient embarqués pour aller évangéliser le Brésil, peuplé de sauvages qui, dans l'occasion, dévoraient jusqu'à leurs pères et leurs enfants. Quarante d'entre eux montaient un petit navire marchand qui fut rencontré en mer par une escadrille de pirates commandée par un nommé Jacques Soudrie, sectaire forcéné de la religion de Calvin, vice-amiral au service de la Reine de Navarre. Après une héroïque défense de plusieurs heures contre cinq navires, le bâtiment marchand tomba au pouvoir des pirates calvinistes qui exercèrent leur rage sur les quarante religieux parmi lesquels se trouvaient de jeunes novices de 18, 17, 15 et 14 ans, sous la conduite du B. Azévédo.

Déchirés par les poignards, les piques, les mousquets et les sabres, tous, morts ou vivants, furent jetés à la mer.

Cet acte de glorieuse immolation pour le catholicisme se passait à trois lieues de Palma. Le peuple, suivant l'antique usage, proclama l'héroïsme des martyrs et rendit à leur mémoire un culte solennel. Mais un Pape, dont le nom nous échappe, ayant publié un décret sévère contre les béatifications prononcées par le peuple en dehors des décisions pontificales, les Jésuites, scrupuleux observateurs des lois de l'église et des ordres émanés du Saint-Siège, cessèrent toute manifestation publique en ce qui concernait l'hommage à rendre (et jusqu'alors rendu) à la mémoire des 40 martyrs.

Cependant, après un examen particulier du décret dont nous venons de parler, décret qui ne portait aucunement atteinte au témoignage de vénération extérieurement accordé par le peuple à ces héros de la foi, le Souverain Pontife Pie IX, au nom de l'église universelle, a replacé les quarante martyrs sur les autels.

Comme on le pense bien, les PP. Jésuites de Saint-Michel ont solennisé cette fête en dignes successeurs, dans l'ordre de la foi, de la charité et de l'héroïsme, de ces quarante martyrs.

MESSE PONTIFICALE

Pour les Associés de la Confrérie de Saint-Joseph.

L'église de Saint-Michel a été témoin d'une belle cérémonie le dimanche 13 avril 1856.

Le premier dimanche de chaque mois, un certain nombre d'hommes se réunissent dans cette église, sous le patronage de saint Joseph et le titre d'association de la *bonne mort*, pour y entendre une instruction analogue et assister à l'office divin.

C'est cette réunion que Monseigneur de Laval est venu présider. L'église était occupée par près de trois cents hommes, au milieu desquels régnait le silence le plus religienx.

Au moment de la communion, Mgr de Laval s'étant prosterné devant le saint ciboire, un R. P. Jésuite a prononcé, au nom de tous, du pasteur et des fidèles, un acte de consécration au saint patron de la bonne mort, puis la plus grande partie des témoins de cette scène est allée pieusement recevoir, des mains de l'évêque, le pain eucharistique.

CHARLES MAIGNAN.

www.ingramcontent.com/pod-product-compliance
Ingram Content Group UK Ltd.
Pitfield, Milton Keynes, MK11 3LW, UK
UKHW022129190726
13855UKWH00003B/1085

9 782013 048668